Mirrors and Echoes

Mirrors and Echoes

Women's Writing in Twentieth-Century Spain

Edited by
EMILIE L. BERGMANN AND RICHARD HERR

Global, Area, and International Archive
University of California Press
BERKELEY   LOS ANGELES   LONDON

The Global, Area, and International Archive (GAIA) is an initiative of International and Area Studies, University of California, Berkeley, in partnership with the University of California Press, the California Digital Library, and international research programs across the UC system. GAIA volumes, which are published in both print and open-access digital editions, represent the best traditions of regional studies, reconfigured through fresh global, transnational, and thematic perspectives.

University of California Press, one of the most distinguished university presses in the United States, enriches lives around the world by advancing scholarship in the humanities, social sciences, and natural sciences. Its activities are supported by the UC Press Foundation and by philanthropic contributions from individuals and institutions. For more information, visit www.ucpress.edu.

University of California Press
Berkeley and Los Angeles, California

University of California Press, Ltd.
London, England

© 2007 by The Regents of the University of California

Library of Congress Cataloging-in-Publication Data

   Mirrors and echoes : women's writing in twentieth-century Spain / edited by Emilie L. Bergmann and Richard Herr.
      p.   cm.—(Global, area, and international archive)
   Includes bibliographical references and index.
   ISBN: 978-0-520-25267-7 (pbk. : alk. paper)
    1. Spanish literature—Women authors—History and criticism.
2. Spanish literature—20th century—History and criticism.
I. Bergmann, Emilie L., 1949– II. Herr, Richard.
PQ6055.M57 2007
860.9'92870904—dc22   2007007187

Manufactured in the United States of America

16 15 14 13 12 11 10 09 08
10 9 8 7 6 5 4 3 2

The paper used in this publication meets the minimum requirements of ANSI/NISO Z39.48–1992 (R 1997) *(Permanence of Paper)*.

Contents

Acknowledgments — vii

Introduction: Women Writers in Twentieth-Century Spain — 1
Emilie L. Bergmann

PART I. MIRRORS AND SPACES OF NARRATION: WOMEN WRITERS ON THEIR WORK

1. Mujer del espejo — 17
   Soledad Puértolas

2. Cómo escribí *Un millón de luces* — 22
   Clara Sánchez

PART II. PERFORMING MODERNITY: GENDER AND THE BODY BETWEEN THE WARS

3. Women Writing on Physical Culture in Pre–Civil War Catalonia — 29
   P. Louise Johnson

4. Out of the Glass Niche and into the Swimming Pool: The Transformation of the *Sirena* Figure in the Poetry of Concha Méndez — 46
   Nicole Altamirano

PART III. CULTURAL ARCHIVES OF POPULAR FICTION, THEATER, AND FILM

5. Romancing the Early Franco Regime: The *novelas románticas* of Concha Linares-Becerra and Luisa-María Linares   63
Jo Labanyi

6. Desde la pared de vidrio hasta la otra orilla: El exilio de María Martínez Sierra   79
Alda Blanco

PART IV. FAMILY, GENDER, AND NATION

7. Reproducción, familia y futuro: Cuatro denuncias en clave femenina   95
Geraldine Cleary Nichols

8. Mothers and Daughters in Transition and Beyond   108
Emilie L. Bergmann

PART V. WRITING AND HISTORICAL MEMORY IN THE *TRANSICIÓN*

9. Las narradoras y su inserción en la sociedad literaria de la transición política española (1975–1982)   121
Pilar Nieva de la Paz

10. *La batalla de la educación:* Historical Memory in Josefina Aldecoa's Trilogy   136
Sara Brenneis

PART VI. ECHOES AND SILENCES

11. *El país del alma* en las geografías literarias de Nuria Amat   151
Marta E. Altisent

12. The Discourse of Silence in *Alcanfor* and "Te deix, amor, la mar com a penyora"   164
Kathleen M. Glenn

Contributors   173

Acknowledgments

The essays in this volume began as papers for a conference organized by the Spanish Studies Program of the Institute for European Studies, University of California, Berkeley. The editors thank the following funding organizations: at UC Berkeley, the Spanish Studies Program, the Department of Spanish and Portuguese, the Dean of Arts and Humanities, and the Townsend Center for the Humanities; the Program for Cultural Cooperation between Spain's Ministry of Education, Culture, and Sports and United States Universities; the Embassy of Spain in Washington, D.C.; and Camilo Barcia García-Villamil, Consul-General of Spain in San Francisco. We also thank Julia Farmer for valuable assistance in preparing the manuscript, and Nathan MacBrien for his sound judgment and editorial expertise.

Introduction
Women Writers in Twentieth-Century Spain
Emilie L. Bergmann

The fiction, poetry, and theater discussed in this volume bear witness to the continuities, ruptures, and paradoxes that characterize Spanish women's writing throughout the twentieth century. This writing emerged amid dramatic political and cultural change, from the monarchy and dictatorship of the century's first decades, to the brief period of moderate socialist governments under the Second Republic in the 1930s, the fall of the Republic in 1939, the nearly forty years of dictatorship ending with the death of Franco in 1975, and the *transición* to democratic government and regional autonomies beginning with the new constitution and elections in 1978. These essays offer surprising perspectives on topics familiar to Hispanists working on gender and women's writing: woman, family, and nationalisms; women on the cultural and linguistic margins, and women at the center as educators; reclaiming the body and the erotic from masculinist cultural inscriptions; revisionist mythmaking and historiography; and women's roles in, and responses to, Spain's crisis of modernity. They shed new light on such recognized writers as Carmen Martín Gaite, Soledad Puértolas, and Carme Riera, but they also focus on writers whose work has been overlooked or misrepresented in scholarly discussions. In order to understand the popular appeal of such writers, it is necessary to address changes in writers' and readers' views of female subjectivity during a period of political and social developments that affected women's everyday lives and their access to publication.

The book's title, *Mirrors and Echoes*, figures women's writing as a reflection of bodies and voices always present in Spanish culture but not always perceived or heard. Such metaphors are always imperfect, of course, and there is a way in which the figures of mirror image and voice invert the relationships between Spanish women writers and the foremothers they are so reluctant to acknowledge (López-Cabrales, 49–50).[1] Topics mentioned only obliquely earlier in the century—female sexual desire, economic exploitation, rape, abortion, and prostitution—have, since the late 1970s, become central to women's writing. In this sense, instead of the blurring or attenuation one might associate with reflection and repetition, the greater freedom in the decades since the end of the dictatorship has magnified and intensified the presence of female subjectivity in Spanish literature.

It is common to identify twentieth-century male writers in terms of their "generations," but women writers have been left out of chronological views and critical discussion by Spanish scholars and critics, creating the erroneous impression that women have been literary outsiders throughout the century. The problem of integrating women's writing into literary history has changed very little since Elizabeth Ordóñez pointed out in 1991 that the inclusion of women writers within a movement or generation often seems arbitrary and interchangeable, making their cultural participation appear "curiously unmanageable" (15). Janet Pérez and Catherine Davies present women writers in terms of political periods, although Pérez's overview includes chapters that focus on women writers of the generations of 1898 and 1927. Emphasis on the interrelationship between major political changes and shifts in the status of women has given the critical study of Spanish women's writing, like approaches to writing by their male counterparts, a strong historiographical component.

As a result of the imbalance between literary-historical views of writing by men and women, however, the terms "twentieth-century" and "contemporary" do not always correspond to the period 1901–2000 when they refer to women's writing. "Twentieth-century" and "contemporary" Spanish women's writing can begin in 1944 (Hart; Brown; Nichols 1992; Schumm) or even 1969 (López-Cabrales). Several studies of "contemporary" women's writing focus on the transition to democracy from the 1970s to mid-1980s, a period of phenomenal productivity (Ciplijauskaité; Ballesteros; Nieva de la Paz; Altisent), initiating what is justifiably considered a boom. The diversity of women's writing not only in Castilian but also in Catalan and Galician in the 1990s is in full evidence in the collection of essays edited by Alicia Redondo Goicoechea.

An aversion to the term "feminist" on the part of Spanish women writers persists despite, or perhaps because of, the spectacular marketing success of such writers as Almudena Grandes, whose *Las edades de Lulú* in 1989 represented a breakthrough for eroticism in women's writing. Since that time, Lucía Etxebarría has used the display of her body and the full spectrum of polymorphous sexuality as marketing devices for blockbusters that use parody to challenge the concepts of objectification and exploitation. Grandes's and Etxebarría's careers are hotly debated among feminist critics (see Henseler and Bermúdez). Ironically, critical responses to fiction, poetry, and theater by Spanish women have largely been the work of feminist scholars in U.S. and British universities. The interviews collected in María del Mar López-Cabrales's *Palabras de mujeres* illustrate her thesis that the reasons for women writers' almost universal rejection of the term "feminist," as well as their reluctance to be grouped together, is related directly to their continuing experience of inequality, despite legal reforms that created new options for women in the 1970s and have improved conditions for women in general. In light of the contradictory representations of feminism in late-twentieth-century Spanish women's writing, it is important to note that all but one of the twentieth-century writers discussed in Lisa Vollendorf's *Recovering Spain's Feminist Tradition* (2001) are self-identified feminists, and four of the eight essays on this period focus on women of the first four decades of the century, beginning with Carmen de Burgos (1867–1932).[2]

Evident in studies of literary production of the 1970s is the range of possibilities for reclaiming the body and the erotic. Elizabeth Scarlett's 1994 discussion of the representation of the body in Spanish fiction, however, begins with significant inscriptions of the physical in the novels of Emilia Pardo Bazán in the nineteenth century and continues with Rosa Chacel and Mercè Rodoreda in the 1930s. By the 1970s, French feminists were encouraging women to "write the body" and create a feminine language for the erotic. Such writing became possible for Spanish women in the climate of sexual freedom resulting from the reform of the Spanish Civil Code and the lifting of censorship following the end of dictatorship in 1975. Marta Altisent's study of eroticism recognizes diverse representations not only of sexuality but emotional relationships in short fiction by male and female authors in the *transición*. Scholars in the U.S. and Britain addressed these explorations of the erotic through psychoanalytic approaches, focusing on representations of female sexuality and conflicts and bonds between mothers and daughters and between men and women in Esther Tusquets's groundbreaking novel *El mismo mar de todos los veranos* (1978) and Carme Riera's short-story collections *Te deix, amor, la mar com a penyora* (1975) and *Jo pos per testimoni les gavines* (1977; published together in Castilian translation in 1980 as *Palabra de mujer*). Both Tusquets's and Riera's fiction openly challenged traditional thinking about language and gender, while Carmen Martín Gaite's *El cuarto de atrás* (1978) and Cristina Fernández-

Cubas's *Mi hermana Elba* (1980) signaled a turn away from social realism toward the fantastic. In this exhilarating atmosphere, Soledad Puértolas made her literary debut with the highly ironic *El bandido doblemente armado* (1979). Throughout the 1980s and 90s, Spanish women writers developed narrative structures that questioned social roles, reshaped the language, and explored the margins of cultural memory.

Pilar Nieva de la Paz's *Narradoras españolas en la Transición política* (2004) examines 200 works of fiction published between 1975 and 1982 in terms of reception theory. As she places 100 women writers in microgenerations, her study critically revisits the literary canon, maps barely perceptible shifts in women's views and expectations, and observes the use of historical memory and mythmaking in the period framed by the establishment of a new constitution that guaranteed the basic rights of citizenship for women. Although the legalization of divorce in 1981 and abortion in 1983 were heralded as a major advance for women, abortion has remained difficult to obtain. Voting rights for all women and the rights of married women to travel independently and sign business contracts, however, has had a major impact on women's everyday lives.

In light of this long-awaited political transformation, it not surprising that historiography is a central trope in late-twentieth-century Spanish fiction. The dictatorship prohibited study of the brief socialist period of the Second Republic (1931–36) and the Civil War (1936–39); thus, the *transición* opened the door to the reexamination of recent history. Revisionist historiography, however, extended well beyond that period, to a wholesale dismantling of the regime's propagandistic idealization of medieval Christian Castile, exemplified by Paloma Díaz-Mas's highly parodic *El rapto del Santo Grial, o el caballero de la Oliva* (1984) and Lourdes Ortiz's vindication of a much-maligned twelfth-century queen in *Urraca* (1982).

Several writers' careers span the major upheavals in the Spanish state and society, including philosopher María Zambrano (1904–1991) and novelists Rosa Chacel (1898–1994) and Mercè Rodoreda (1908–1983), all of whom continued to write in exile. Carmen Martín Gaite (1925–2000) belonged to the "generation of the 1950s," whose secular education in the schools of the Second Republic ended in the violence of Civil War. The first decades of dictatorship brought the reinstitution of reactionary Catholic morality amid economic privation, with a stifling effect on women's everyday lives. Martín Gaite brilliantly delineated the contradictions inherent in fascist views of women during this period in *El cuarto de atrás* (1978) and *Usos amorosos de la postguerra española* (1986). The disruption of writing careers and damage to individuals and communities wrought by decades of censorship, which ended only with the fall of the dictatorship and the creation of a new literary marketplace, explain in part the silences of women writers who enjoyed success early in their careers, Carmen Laforet and Ana María Moix among them (Johnson; Levine, "Moix"). The subtitle of the 1991 volume edited by Joan L. Brown, *Exiles in the Homeland*, accurately represents the social conditions and internal pressures on women who published their early work under the dictatorship.

The post–Civil War ban on publication in minority languages (Basque, Galician, and Catalan) imposed a distinct form of exile on authors who wrote in those languages, whether or not they left Spain, and affected literary production by writers of both sexes. The Catalan writers Mercè Rodoreda and Teresa Pàmies (b. 1919), who were involved in the politics of the Civil War, went into exile and continued to write in their native language, while later generations, including Esther Tusquets (b.1936) and Ana María Moix (b. 1947), learned Catalan at home but adopted Castilian as a literary language.[3] Although Montserrat Roig (1946–1991), like her contemporary Ana María Moix, grew up in a Barcelona in which Castilian was the official language, Roig wrote fiction in Catalan while working as a journalist in both Catalan and Castilian, reaching an unusually wide audience at a time when Catalan was being reinstated as the official language as part of the restoration of Catalonian autonomy. Under the dictatorship, Catalan was the language spoken within the family, with a distinguished poetic tradition. It was a major artistic triumph for Rodoreda to establish a twentieth-century style for fiction in a language that had been marginalized as belonging in the kitchen.

The dramatic transformations of the last thirty years of the twentieth century prompted several overviews of the changes in women's place and women's writing in Spain. One recurring narrative presented by these studies is that of breaking silence, of woman finding her voice. Elizabeth Ordóñez's approach to the diverse voices of women in her 1991 study, *Voices of Their Own*, foregrounds feminine desire in psychoanalytic terms, positing a maternal model to counter dominant views of writing in patriarchal terms. Framing her discussion of Spanish women's writing in terms of gendered differences, Geraldine Cleary Nichols's *Des/cifrar la diferencia* (1992) also draws upon feminist psychoanalytic approaches. Employing gendered views of historiography as well as psychoanalytic concepts of the self, Ballesteros examines autobiographical narrative in Spanish fiction from 1978 to 1990. Biruté Ciplijauskaité's 1988 study of first-person narrative from 1970 to 1985 was unique in situating Spanish women's writing in the literary, social and political contexts of Italian, French, Portuguese, German, and English writing by women. Although the publication of critical overviews of women's writing in the late 1980s and early 1990s, notably the collection edited by Joan Lipman Brown and the monographic studies by Ordóñez, Ciplijauskaité, Pérez, and Scarlett, might seem premature in light of more recent developments, they mapped trends toward reclaiming historical memory, the female body, and eroticism that have continued into the twenty-first century. While the extent of self-conscious exploitation of the author's body in selling women's writing has astonished scholars and critics, awareness of the close relationships between women writers and the marketplace is clearly in evidence in Levine and Marson's introduction to *Spanish Women Writers: A Bio-Bibliographical Source Book* (1993). Soledad Puértolas's and Clara Sánchez's contributions to the present volume are reminders that a successful writer can take new directions without losing her audience, while new writers may find their voices without being swept into a trend.

It is difficult to overemphasize the dramatic changes in the status of women and the visibility of women writers since the restitution of women's basic civil rights resulting from reforms in the Civil Code in the 1970s, the new constitution of 1978, and the laws permitting divorce and abortion. It is clear, however, that writers whose careers began or were transformed by the *transición* had important foremothers. As Pilar Nieva de la Paz observes, half a century before the surge in women's writing that began in the late 1970s, there was a notable boom in women's writing in the 1920s and 1930s. In addition, despite the repressive policies regarding women, early in the Franco dictatorship publishers and award committees recognized the cultural contribution of women's writing with the prestigious Nadal prize. The prize was first awarded to Carmen Laforet in 1944 for *Nada*, followed by a distinguished list of women writers, including Elena Quiroga (*Viento del norte*, 1950), Dolores Medio (*Nosotros, los Rivero*, 1952), Carmen Martín Gaite (*Entre visillos*, 1957), and Ana María Matute (*Primera memoria* 1959). *Nada* and *Primera memoria* both depict adolescent girls confronting the social restrictions of conservative families during the Civil War and the postwar period.

Mercè Rodoreda is acknowledged as having created a prose style for the modern Catalan novel with *La plaça del Diamant* (1962), although she began publishing novels in the 1930s. As the essays in this volume demonstrate, the recognition accorded highly visible recipients of major literary prizes barely hints at the extent of women's role in Spanish literary production throughout the century. They contextualize women's writing in relation to social and political change, revealing the contradictory discourses of gender in periods of repression when women's writing was expected to serve as propaganda for women's traditional roles, as well as those periods in which the doors were opened for women to participate in revolutionary or parliamentary social transformations.

This book reflects the diverse political, social, and linguistic perspectives of an extraordinary range of genres and historical contexts, including fiction, poetry, memoir, and theater written in Castilian and Catalan by Spanish women throughout the early twentieth century. Many of the texts addressed in these essays disrupt traditional concepts of gender, the body, historiography, and memory. While the volume includes comparative essays that discuss authors who are currently well-established figures in literary criticism, it gives renewed attention to writers whose work was immensely popular in their time and has since been forgotten or reduced to outdated stereotypes. Such reevaluation shifts the contours of the familiar landscape of twentieth-century Spanish literature, with its critical categories of generations of male writers and binaries of censorship and subversion.

The first two essays in the volume, Soledad Puértolas's "Mujer del espejo" and Clara Sánchez's "Cómo escribí *Un millón de luces*," provide rare glimpses of successful writers' perspectives on their work. Puértolas's writing has won prestigious literary awards, including the Premios Planeta and Sésamo for fiction and the Anagrama Premio de Ensayo. Although Puértolas does not identify herself as feminist, the brief, lyrical "Mujer del espejo" written for this volume is a meditation on the writer's relationship with her embodied, female self from youth to middle age. This dialogue of a woman with her reflection evokes Jorge Luis Borges's "Borges y yo," but with important differences. The classic gesture of female narcissism—the woman looking at her "self" in the mirror—is transformed by dialogue and monologue, and speaks simultaneously on a personal and an abstract, philosophical level.

It would appear that Clara Sánchez, in contrast, looks outward to her densely populated, highly technological urban environment. She affirms that a sense of place is essential to the "tone" around which each novel develops characters, dialogue, and language. Sánchez, however, frames this aspect of the writing process in terms of perception and, implicitly, subjectivity: primary among the metaphors she uses to explain what she calls "tone" is camera angle. What critics have termed "realism" in Sánchez's novels is based upon her cinematic attention to her characters' relationship with the spatial as well as temporal and social architecture of everyday life, particularly offices and laboratories where people spend much of their waking lives.[4] Sánchez imagines what coworkers do not learn about each others' lives as the space beyond the open door in the back of the room in Velázquez's *Las meninas*, a work that foregrounds questions of perception and perspective.

The volume is organized chronologically and thematically, beginning with essays on the participation of women in physical culture and literary modernity during the 1920s and the Second Republic. Two chapters on writing by and about women in sport disclose an unanticipated effect of ideologies of nationalism in the 1920s and 1930s: the creation of new spaces for women to participate in and write about athletics. Louise Johnson's research on the Catalanist writing of active sportswoman and journalist Anna Maria Martínez-Sagi reveals a largely forgotten but immensely evocative voice in the liberal-progressive press of pre–Civil War Spain. Johnson reveals the multiple valences of modernity in which the challenge to gender norms can encode diverse political projects as well as transgressive sexualities.

Nicole Altamirano's study of Concha Méndez's poetry in the volume *Surtidor* explores the confrontation of a woman poet with traditional myths of femininity. It is telling that Méndez's critical reputation as a poet of traditional femininity is based on her later poetry, in sharp contrast to the poems of *Surtidor*, in which the athletic female body in motion becomes androgynous. These earlier poems dismantle the antiquated, objectified figure of the mermaid, freeing her from masculinist stereotypes. Altamirano argues that the poet proposes an alternative model for female iconography—a siren whose song of feminine freedom and self-determination would set the poet apart from her contemporaries for many years.

Jo Labanyi, known for her work in Spanish cultural studies, gender, and film, and Alda Blanco, a specialist in nineteenth- and early-twentieth-century women's writing, address the work of writers whose highly popular and successful writing has been neglected by critics for reasons of genre and political affiliation as well as gender. As Manuel Puig's *Beso de la mujer araña* demonstrates, art created in conformity with fascist political regimes, whether consciously or unconsciously, can be powerfully seductive. Labanyi's "Romancing the Early Franco Regime: The *novelas románticas* of Concha Linares Becerra and Luisa-María Linares" examines the contradictions of modernity and Falangist rhetoric in the novels and filmscripts of a writing team of the 1930s whose novels are still in print. Labanyi's analysis of the representations of femininity in these best sellers makes a strong case, if one were needed, for the inclusion of popular fiction in scholarly discussions of Spanish cultural history.

Alda Blanco's essay, "Desde la pared de vidrio hasta la otra orilla: El exilio de María Martínez Sierra," draws attention to the still-unanswered questions regarding this highly successful playwright's life and work. Among the enigmas Blanco presents are Martínez Sierra's abdication of authorship to her husband, signing his name to her own work until his death; and the lack of information about the first years of her exile. Blanco locates Martínez Sierra within an intellectual generation that came of age and published before the Civil War. After the trauma of war, those writers experienced the deprivation of living at a geographic remove from the culture that nurtured their work, or in "interior exile" in a society that sought to repress the trauma of its immediate past. Martínez Sierra's letters to friends attest to long years of abject poverty in France and Argentina. In addition to the "essential sadness" with which Edward Said characterizes the separation "between the self and its true home" (173), reflected in much of the writing of the Republican exiles of 1939, Martínez Sierra experienced the disappointment of recognizing that the audience for whom her plays had been written no longer existed in any Spanish-speaking country.

While family relationships were often disrupted by exile following the Civil War, the deleterious effects of political repression are not limited to that period. The long periods of political repression in Spanish society throughout the century affected the "private" world of marriage, childbirth, and parenting. In "Reproducción, familia y futuro: cuatro denuncias en clave femenina," Geraldine Cleary Nichols finds remarkable similarity among representations of biological reproduction in texts that span the century. In texts written in Catalan and Castilian, "La infanticida" (1898) by Caterina Albert y Paradis, "El honor de la familia" (1911) by Carmen de Burgos, "Divendres 8 de juny" (1946) by Mercè Rodoreda, and "Memòries d'un futur bàrbar" (1975) by Montserrat Julió, she finds a shared vision of childbearing in a society whose injustice seems hostile to life itself. By the end of the Franco dictatorship in 1975, little had changed in Spanish women's legal status since Albert's narrative of an unmarried woman's inability to protect herself or her infant daughter. The short stories starkly expose male violence and objectification, imagined by these authors in terms of the intrusive masculine gaze.

Although social attitudes toward reproduction may not have changed substantially, Spain's political transformations throughout the 1970s and 1980s challenged stereotypical views of motherhood. My own essay, "Mothers and Daughters in Transition and Beyond," is, in part, a response to the extraordinary frankness and intimacy with which Soledad Puértolas writes in her memoir, *Con mi madre* (2001), about the closeness and the silences she shared with her mother. The essay outlines daughters' increasingly varied depictions of their mothers since the end of the Franco dictatorship, briefly comparing fiction by Carmen Martín Gaite, Montserrat Roig, Esther Tusquets, Ana María Moix, Nuria Amat, and Maria Mercè Roca to provide a context for Puértolas's inscription of motherhood in terms of autonomy and mutual dependency.

While writing about motherhood might appear to reinscribe women in the stereotypical role of nurturers, the boom in Spanish women's fiction in the post-Franco years provided opportunities for writers to imagine alternatives to domesticity. Pilar Nieva de la Paz's essay, "Las escritoras españolas y su inserción en la sociedad literaria de la transición política (1975–1982)," draws upon her book-length study of the period, *Narradoras españolas en la Transición política (Textos y contextos)*, possibly the only comprehensive study of this period of contemporary Spanish women's writing written in Spain. She takes into account important changes in the literary marketplace resulting from higher levels of education and earning power among Spanish women, and outlines the debates during this period over such central feminist questions as difference and equality, and the existence of "feminine" writing. Although her essay groups twentieth-century writers by generation, she highlights some significant exceptions, in particular the renewal in the 1980s of the literary careers of Mercè Rodoreda and Rosa Chacel, who began publishing fiction in the 1930s. Although Nieva de la Paz relates the commercial success of semiautobiographical and biographical narratives to a desire for "authenticity," she notes the enthusiastic reception of decentered, *noir* subjectivity in Puértolas's *El bandido doblemente armado*, displaying the influence of French and U.S. literary experiments of previous decades. The extraordinarily wide range of novelists discussed in her essay offer their readers a restoration of historical memory, ironic narratives of contemporary life, excursions into the realm of the fantastic, and experiments with rewriting women's role in history and myth. They address not only the continuing, gender-based conflicts for women in personal relationships and the workplace, but also their expanding horizons of imagination.

The reinscription of women in history is exemplified in fiction by women who narrate the Civil War from a female perspective. Sara Brenneis's "*La batalla de la educación:* Historical Memory in Josefina Aldecoa's Trilogy" relocates the mother-daughter dyad and the familiar figure of the female teacher in the polemical secularization projects of the Second Republic. Brenneis traces the intertwining of history, collective memory, and individual testimony in Aldecoa's trilogy: *Historia de una maestra, Mujeres de negro*, and *La fuerza del destino*. Aldecoa, herself an educator, reflects upon the pedagogical programs of the Second Republic from the perspective of renewed debate over secular education in the 1980s. The underlying narrative of Aldecoa's trilogy is of a long struggle by two generations of women, mother and daughter, to reclaim the education of succeeding generations through the teaching of history, a desire whose fulfillment seems possible, at least in part, through Spain's historical transformation in the last decades of the century.

The death of the protagonist and the loss of Catalan cultural identity are irremediable in Nuria Amat's *País del alma*, and cannot be recovered through language. In Marta Altisent's account of the "geografías literarias" of this novel, literary language is both insufficient and excessive. Amat incorporates enigmatic fragments of poetry from a fictional diary into the text of *País del alma*, as the protagonist attempts to use language to free herself from its limits. Meanwhile, as her health deteriorates, the larger urban center of Barcelona engulfs her nostalgic, cultivated neighborhood of enclosed gardens. Amat, trained and employed as a librarian during much of her literary career, claims that her archival enthusiasm has a postmodern effect on her writing, blurring the boundaries of genre that are so precisely (and precariously) delineated by cataloging classifications. Thus poetry and prose, description of musical performance, and references to historical events merge and comment on each other in the novel.

Kathleen Glenn has written illuminating essays on most of Spain's significant post–Civil War women writers, and she has edited collections of essays on several. Here she frames her discussion of the rhetoric of silence and strategies of reticence in the Catalonian novelist Maria Barbal's *Cámfora* and Carme Riera's short story "Te deix amor la mar com a penyora" in aesthetic, epistemological, and social contexts of silence. She argues that Mercè Rodoreda and Maria Barbal employ a rhetoric of silence to call attention to the situation of women who are obliged to remain silent and suffer without protest. Carme Riera and Dulce Chacón utilize silences, and acts of breaking silence, to call attention to the voicelessness of the marginalized and to highlight inequalities, whether sexual, socioeconomic, or political.

A prominent feature of Spain's political and social history in the twentieth century, particularly after 1939, has been censorship and highly selective authorization of narratives. The essays in this collection bring to light writers and topics generally neglected by the critical mainstream, such as Concha Linares Becerra and Luisa-María Linares, whose work is still in print, and topics such as women's role in athleticism before the Civil War, women's writing in exile, and linguistic marginalization, as well as new perspectives on women's traditional roles in reproduction and nurturing. As a group, the essays provide a comprehensive view of women's contributions to twentieth-century Spanish cultural history.

NOTES

1. Sandra J. Schumm's *Reflection in Sequence* focuses on the shift from mirror as metaphor to mirror as metonymy in Spanish women's writing in terms of its function as a figure for the development of writers' and readers' sense of female identity.
2. See Vollendorf's extensive discussion of this topic in the introduction to *Recovering Spain's Feminist Tradition*, 1–27.
3. See Nichols, 1992, 114–32, on Rodoreda's writing in exile.
4. The model for Sánchez's "torre de cristal" with its "millón de luces," which inspired her 2004 novel of that title, was the thirty-two-story Windsor Tower, a familiar icon of modernity completed in 1979. Ironically, it was destroyed by a fire that began on the night of February 12, 2005. Fortunately, the building was empty and there were very few injuries.

WORKS CITED

Altisent, Marta. *Ficción erótica española desde 1970*. Lewiston, N.Y.: Edwin Mellen, 2006.

Ballesteros, Isolina. *Escritura femenina y discurso autobiográfico en la nueva novela española*. New York: Peter Lang, 1994.

Bermúdez, Silvia. "Let's Talk about Sex?: From Almudena Grandes to Lucía Etxebarria, the Volatile Values of the Spanish Literary Market." In Ferrán and Glenn, 223–55.

Brown, Joan Lipman, ed. *Women Writers of Contemporary Spain: Exiles in the Homeland*. Newark: University of Delaware Press, 1991.

Ciplijauskaité, Biruté. *La novela femenina contemporánea (1970–1985): Hacia una tipología de la narración en primera persona*. Madrid: Anthropos, 1988.

Davies, Catherine. *Spanish Women's Writing, 1849–1996*. London: Athlone, 1998.

Ferrán, Ofelia, and Kathleen Glenn, eds. *Women's Narrative and Film in Twentieth-Century Spain*. New York: Routledge, 2002.

Galerstein, Carolyn, and Kathleen McNerney, eds. *Women Writers of Spain: an Annotated Bio-Bibliographical Guide*. New York: Greenwood, 1986.

Hart, Stephen M. *White Ink: Essays on Twentieth-Century Feminine Fiction in Spain and Latin America*. London: Tamesis, 1993.

Henseler, Christine. *Contemporary Spanish Women's Narrative and the Publishing Industry*. Urbana, Ill.: University of Illinois Press, 2003.

Johnson, Roberta. "Carmen Laforet." In Levine, Marson, and Waldman, 242–52.

Levine, Linda Gould. "Ana María Moix." In Levine, Marson, and Waldman, 339–49.

Levine, Linda Gould, and Ellen Engelson Marson. "View from a Tightrope: Six Centuries of Spanish Women Writers." In Levine, Marson, and Waldman, xv–xxxiv.

Levine, Linda Gould, Ellen Engelson Marson, and Gloria Feiman Waldman, eds. *Spanish Women Writers: A Bio-Bibliographical Source Book*. Westport, Conn.: Greenwood, 1993.

López-Cabrales, María del Mar. *Palabras de mujeres: Escritoras españolas contemporáneas*. Madrid: Narcea, 2000.

McNerney, Kathleen, and Cristina Enríquez de Salamanca, eds. *Double Minorities of*

Spain: A Bio-Bibliographic Guide to Women Writers of the Catalan, Galician, and Basque Countries. New York: MLA, 1994.

Nichols, Geraldine Cleary. Des/cifrar la diferencia: Narrativa femenina de la España contemporánea. Madrid: Siglo Veintiuno, 1992.

———. Escribir, espacio propio: Laforet, Matute, Moix, Tusquets, Riera y Roig por sí mismas. Minneapolis: Institute for the Study of Ideologies and Literature, 1989.

Nieva de la Paz, Pilar. Narradoras españolas en la Transición política (Textos y contextos). Madrid: Fundamentos, 2004.

Ordóñez, Elizabeth. Voices of Their Own: Contemporary Spanish Narrative by Women. Lewisburg, Pa.: Bucknell University Press, 1991.

Pérez, Janet. Contemporary Women Writers of Spain. Boston: Twayne, 1988.

Redondo Goicoechea, Alicia, ed. Mujeres novelistas: Jóvenes narradoras de los noventa. Madrid: Narcea, 2003.

Said, Edward W. Reflections on Exile and Other Essays. Cambridge, Mass.: Harvard University Press, 2000.

Scarlett, Elizabeth. Under Construction: The Body in Spanish Novels. Charlottesville: University Press of Virginia, 1994.

Schumm, Sandra J. Reflection in Sequence: Novels by Spanish Women, 1944–1988. Lewisburg, Pa.: Bucknell University Press, 1999.

Vollendorf, Lisa. Recovering Spain's Feminist Tradition. New York: MLA, 2001.

PART I

Mirrors and Spaces of Narration

Women Writers on Their Work

1. Mujer del espejo
Soledad Puértolas

Hace tiempo que no sé quién es la persona que habita al otro lado del espejo, me resulta una persona absolutamente desconocida, alguien a quien quizá vi por la calle o con quien crucé un par de frases no se sabe en qué lugar, puede que me suene de algo esa persona del otro lado del espejo, pero desde luego he olvidado su nombre, si es que lo supe alguna vez, he olvidado de qué la conozco, dónde y cuándo la vi, qué hablé con ella, no significa nada esa persona para mí.

Eso me deja un poco estupefacta, porque estoy aquí, a este lado del espejo, y se supone que la persona del otro lado es simétrica, soy yo vista en sentido contrario, yo, mirando hacia el norte y no hacia el sur, hacia el este y no hacia el oeste, o quizá al revés. ¿He cambiado tanto?, ¿cuál de las dos es la verdadera, la de aquí o la de allá? Por un momento creo que soy yo, la de este lado, la que ahora mira hacia abajo, hacia su mano, y la lleva a la cadera, palpándosela. Soy yo la verdadera, la que toca con su mano la cadera, esta soy yo. Pero levanto los ojos y me encuentro a la desconocida haciendo el mismo gesto que hago yo, sólo que ella lo hace con la mano derecha, me copia de una forma rara, no sé quién puede ser esa persona.

Cuando era joven, antes, probablemente, de cumplir los veinte años, siempre me reconocía en el espejo, no porque supiera con exactitud cómo era, no se trataba de eso, me sentía muy desorientada, me extrañaban las cosas que me decían, las cualidades que me atribuían, los defectos que me achacaban, no entendía como todo el mundo parecía conocerme tanto, definirme tanto, sino porque a la joven del otro lado del espejo siempre le pasaba lo mismo que a mí. Esa joven era la única persona del mundo capaz de comprenderme. Las dos nos sentíamos perdidas, nos mirábamos fijamente, buscando un punto de apoyo la una dentro de la otra, nos necesitábamos, estábamos férreamente unidas, y aunque no había ningún signo externo que certificara esa unión, nunca se me ocurrió pensar que esa persona tuviera una vida independiente de la mía. La veía tan igual a mí que ni siquiera reparaba en el hecho de que hacía las cosas en sentido contrario al que las hacía yo.

Alzaba los brazos, me recogía el pelo en lo alto de la cabeza, ¿qué te parece?, le preguntaba, todo nos va a ir muy bien, no lo dudes, no tengas miedo. Porque teníamos miedo, soñábamos con conquistar el mundo, y teníamos miedo. Nos lo preguntábamos la una a la otra mirándonos al fondo de los ojos. ¿Qué te parece? Yo creo que sí, que nos lo merecemos. Estábamos juntas. El espejo no nos separaba, nos unía. Nos apoyábamos mutuamente, estábamos en las mismas condiciones, padecíamos inseguridades y dudas, pero no nos fallábamos. Siempre estábamos ahí, una enfrente de la otra, para darnos ánimos.

No sé en qué momento esa persona—era una joven, luego fue una mujer, ahora sólo puedo decir que es una persona, ya sé que es mujer, pero me resulta tan extraña que no puedo singularizarla, se me escapa, más que una persona, es un ser—no sé en qué momento ese ser del otro lado del espejo empezó a cambiar, a separarse de mí. No me di cuenta. A lo mejor le desatendí, a lo mejor fui yo quien empezó a cambiar, a separarse de él. Tengo la impresión, mirando un poco hacia atrás—lo justo, Dios mío, me horroriza mirar hacia atrás—de que hubo una época en que casi me olvidé de esa persona, como si me hubiera dejado de interesar, como si todo el apoyo que me hubiera dado hasta el momento no me importara nada, como si ya no me sirviera. Buscaba otras miradas, otras complicidades. Le di la espalda a esa joven, mi íntima amiga, me adentré en un mundo que ella no podía ver, un mundo que no se desarrollaba allí, en los alrededores del espejo. Le escamoteé mi vida.

Ahora veo que, como es lógico, ella tomó sus medidas. Está claro que, una vez que comprendió que había sido abandonada—y, tal como ocurre en estos casos, ella, la abandonada, fue la primera en darse cuenta del abandono—una vez que se vio sola, decidió marcharse, investigar por su cuenta en las otras habitaciones de la casa, las que no tenían espejo. Hizo su propio recorrido, se le nota en la cara. Me intriga un poco su vida, esa es la verdad. A fin de cuentas, no soy capaz de imaginar una vida completamente distinta de la mía. ¿Habrá viajado?, ¿habrá dado la vuelta al mundo? Tengo la impresión de que ha vivido mucho. Esa mujer del otro lado del espejo, ese ser desconocido, ha vivido, estoy segura, más de una vida, porque se viven muchas vidas dentro de la vida, vidas que no tienen nada que ver las unas con las otras, que no se sabe cómo caben todas juntas en el saco de la vida de una sola persona. Esta persona del otro lado del espejo está un poco extrañada, cansada también, pero sobre todo está distante, muy lejos, mucho más allá de la distancia que verdaderamente nos separa.

Hay algo en ella que, pese a esa lejanía, a esa esencial extrañeza que suscita en mí, me recuerda a algo, a mí misma, desde luego, ¿a qué, a quién si no? No en vano estuvimos tan unidas en el pasado. Compartimos la juventud. Sentimos que lo hemos olvidado, pero ha quedado una huella, una sombra que aún nos persigue, aún se divisa si miramos un poco hacia atrás, sólo un poco, por favor, no puedo permanecer mucho tiempo con la vista clavada en el pasado, me podría petrificar, el pasado atrapa, no se resigna a morir, invade todo el espacio que le des, absorbe la vida del presente como un vampiro la sangre de sus víctimas.

Es por la ropa que lleva, una ropa que yo solía llevar en otro tiempo, o que quizá use aún para estar en casa, ropa gastada, pasada de moda, descolorida. Esta ropa me resulta vagamente familiar, puede que me haya pertenecido a mí o puede, incluso, aunque esto parezca un poco absurdo, que haya pertenecido a mi madre o a una de mis tías, ¿cómo podría ser eso?, ¿es que esta mujer, en sus recorridos por habitaciones sin espejos, entró en el dormitorio de mi madre o de mis tías y cogió ropa de los armarios? Ropa de estar en casa, en todo caso. Pero resulta una hipótesis demasiado extraña. ¿Por qué razón habría alguien de hacer una cosa así?, ¿con qué intención? El caso es que la ropa que lleva la mujer del otro lado del espejo me ha hecho pensar en mi madre. Mi madre dentro de casa, sentada en su butaca del cuarto de estar, con la mirada fija en un punto invisible, remoto, que no pertenece a nadie, que está fuera del mundo. Sorprendo a mi madre así, en esta postura, con esta expresión, muchas veces. Hasta que no estoy a su lado, no me ve, está tan abstraída, tan vinculada a ese punto invisible, que le cuesta mirar a su alrededor y vernos. Me mira un rato sin verme y al fin me ve. Hay sorpresa en sus ojos, como si ya no contara con eso, con verme.

La mujer del otro lado del espejo, que se parece un poco a mi madre, no sólo por la ropa gastada que lleva, no tiene la mirada perdida en un punto invisible. Quizá su mirada esté en muchos puntos. Su mirada se mueve por muchos territorios, por muchas vidas, es una mirada que aún no se ha detenido. Eso me produce un poco de alivio. Incluso cuando me mira a mí, cuando yo la miro a ella para tratar de saber quién es, y a pesar del palpable cansancio que hay en sus ojos, percibo ese movimiento. A esta mujer, me digo, le salva la inquietud. Aunque ella, eso está claro, esté cansada de esa inquietud.

Pero es verdad que se parece a mi madre, incluso a mis tías, no sólo por la ropa. Hay algo más. El peinado, los gestos. Yo trato de mejorar ese peinado. Francamente, creo que voy mucho mejor peinada que ella. Me cepillo el pelo, me lo ahueco. A veces, doy un tijeretazo aquí, otro allí, y el resultado no me parece mal. Habría podido ser peluquera. Las personas cambian mucho según el peinado que lleven, yo sé que cada persona tiene su peinado, el que más le favorece, el que se adapta mejor a lo que es. La mujer del otro lado del espejo aún no ha encontrado su peinado, se diría que no se ha esforzado mucho por encontrarlo. En esto me recuerda un poco a mi madre, y también a mis tías. Quizá a mí en alguna época, en algún momento, no digo que no.

Y los gestos, no sé, los gestos tienen algo de universal. Quizá los gestos de mi madre también tenían algo de universal, o era yo la que la veía así, quizá yo miraba a mi madre en busca de algo que estaba por encima de nosotras, de nuestros nombres, buscaba algo universal, que me sostuviera por encima de mí, de lo que era y lo que podría ser, porque puede que yo fuera muy poca cosa, puede que nunca llegara a ser nada más, pero ¡qué maravilla si existía algo que me diera fe, seguridad, esperanza! Algo universal. Y en los gestos de esta mujer que vete a saber si es una mujer, una persona, un ser que ha fracasado, hay algo universal, y eso me consuela un poco del desconocimiento que tengo de ella. Tampoco estoy completamente segura de que esta mujer haya fracasado en todo, está envuelta en un aire de cierto desánimo, pero hablar de fracaso parece exagerado. Está cansada, lleva ropa gastada y pasada de moda, está despeinada, sus gestos expresan desánimo, pero, ¿ha tirado la toalla? Todavía se apoya en lo universal, en lo que haya de universal en todo esto, en los espejos, en las miradas, en los cansancios.

Si sigo mirándola atentamente puede que acabe por reconocerla, pero mi interés decae, ¿qué me importa, en definitiva, esa mujer?, está ahí, al otro lado del espejo, lejos, se ha construido una vida propia —muchas vidas, en realidad— a mis espaldas, ¿es que necesita algo de mí?, ¿espera algo de mí? Miro al fondo de sus ojos, no sé si quiere decirme algo, no está segura, tal vez no sea el momento, en otra ocasión, todavía no, aunque sería bueno que habláramos, que recordáramos, ¿no fuimos amigas en el pasado?, ¿no nos lo contábamos todo?, ¿no estábamos siempre ahí, apoyándonos mutuamente, cada una en su puesto, a uno y otro lado del espejo? Y la verdad es que no quiero investigar, estoy cansada, qué más me da quién sea esa mujer, esa persona, ese ser que me recuerda a alguien. Se fue alejando del espejo y ya no es tan fácil que se acerque, que me mire con confianza. Que vuelva a sus recorridos, a sus habitaciones sin espejos, que se pierda por ahí, que recorra el mundo otra vez, todas las veces que quiera. Yo, por mi parte, haré lo mismo, ¿por qué tendría que dar cuentas a nadie?, ¿de qué me sirvió, después de todo, el apoyo y la complicidad que me dio durante años?

Creo que eso fue lo que pasó, se cansó de mí. Le pesó tener que estar constantemente a mi lado, diciendome que sí a todo. ¿Qué te parece?, le preguntaba yo, y ella siempre asentía, siempre me daba la razón. La buscaba por todas partes, por los espejos grandes y los espejos pequeños, los espejos de las paredes, los escaparates, los espejos de las cómodas y de los aparadores, los espejos de mano. Siempre estaba ahí, esperando, paciente, incondicional. Me sentaba para hablar con ella, me ponía cómoda. Me probaba ropa, me recogía el pelo detrás de la cabeza, me desnudaba, ¿qué te parece?

Quizá se fue quedando callada, dejó de asentir poco a poco o puso menos entusiasmo en sus respuestas. Me falló, eso es lo que pasó. Abusé de ella y se cansó de mí. Probablemente le pedí más de lo que podía darme. No se lo pedía, se lo exigía. En un determinado momento, mientras yo estaba distraída en una habitación sin espejos, decidió abandonarme. ¿Quién sabe si la persona que, pasado tanto tiempo, se acerca de vez en cuando al otro lado del espejo, sigue siendo ella? Podría interrogarla, ponerla a prueba, ¿qué hace aquí?, ¿qué busca todavía?

La miro al fondo de sus ojos esquivos. ¿Qué te parece?, le pregunto, ¿qué te parece? Por unos instantes, unas décimas de segundo, su desconcierto se esfuma, creo que me ha reconocido, pero en seguida, esa súbita lucidez se esfuma. La mirada de la mujer del otro lado del espejo se vuelve opaca, y la mujer se va y yo también me voy.

2. Cómo escribí *Un millón de luces*

Clara Sánchez

Siempre me he tropezado con un gran escollo a la hora de arrancar con una nueva novela, algo sin lo cual los personajes parece que floten sin rumbo y que los sucesos, la historia, podría corresponder tanto a esta novela como a cualquier otra. A ese algo difícil, a esa polilla, que va y viene sin dejarse atrapar, lo he llamado tono en muchas entrevistas, porque el tono es lo que da unidad y entidad a la narración y porque es selectivo, de forma que lo que el tono no reconoce lo desecha por extraño. Ahora bien, hay que tener mucho cuidado de no convertirlo en tonillo y la novela en una canción pegadiza.

Sigo pensando que el tono es primordial, lo que ocurre es que en el fondo no me quedaba satisfecha con estas aclaraciones. Me sonaban vagas, abstractas. No explicaban el momento en que me hago con él, en que ante mis ojos va apareciendo un mundo, bastante borroso al principio, que se irá aclarando según me acerque más y más. ¿Por qué llega un instante en que el narrador puede soltarse a hablar? Sin la voz narrativa no hay nada, pero esa voz, esa personalidad necesita apoyarse en algo. ¿Cuál es ese punto de anclaje, por mínimo que sea, que obliga a quien narra a centrar la mirada, a centrar su forma de sentir y de expresarse? Para algunos escritores es la historia lo más determinante; para otros, el tiempo; para otros los personajes. En fin, cada uno se las arregla como puede. En mi caso, tras siete novelas, voy comprendiendo que lo mío es el espacio, los lugares en que suceden los hechos. No puedo concebir personajes que no se encuentren influidos por los sitios en que están, que no sientan el calor del sol o la lluvia o lo que sea, que no se comporten según las circunstancias.

Digamos que sin el tono no hay novela, pero que sin espacio, no hay tono. Por eso el espacio para mí no es solamente un lugar más o menos reconocible, sino el prisma a través del cual ver lo que quiero contar, el objetivo de la cámara, por decirlo de alguna manera. Por eso, los espacios de mis novelas no pretenden ser realistas, aunque estén extraídos de la realidad. Más bien me interesa destacar lo que de irreal hay en ellos. No me interesa desplazarme a una determinada calle para comprobar si de verdad hay una tienda en la esquina, podría haberla y eso me basta, o si es de una o dos direcciones. Tampoco creo que mis novelas sean estrictamente realistas. En el caso concreto de *Un millón de luces,* ese espacio, que podríamos llamar poético porque no sólo sirve para situar sino para darle una dimensión moral al relato, lo constituye la Torre de Cristal, un edificio de oficinas, que nos podemos encontrar en casi cualquier ciudad del mundo y que resume, de un solo golpe de vista, la sociedad contemporánea.

Viene de antiguo el que los edificios altos me produzcan una impresión extraña, de inestabilidad. Tienen algo de castillos, de castillos en el aire. Digamos que nuestra forma de vivir en una realidad inventada, escapista y evanescente, y la fuerte sensación de tener que estar de continuo adaptándonos a los nuevos tiempos se ha materializado en una arquitectura que asciende y asciende buscando algo que no encuentra o quizá huyendo. Como digo, es una sensación tan temprana que ya en mi primera novela de 1989, *Piedras preciosas,* describo una de estas torres de oficinas como "un tubo de cristal coronado por dos gigantescas pes engarzadas que descendían entre nubes". *Desde el mirador* (1996) está envuelta en la atmósfera de un hospital, *Últimas noticias del paraíso* (2000), por la de una moderna urbanización, y casi en los mismos términos podría seguir con las demás.

En 1990, en mi segunda novela, *No es distinta la noche,* otro edificio de semejantes características se erige en uno de los protagonistas de la novela. Se trata de un laboratorio farmacéutico, que se configura como el espacio del trabajo y el dinero, y que me resultaba familiar porque había trabajado en uno. Menciono este libro porque en él aparece de manera ostensible una preocupación que emana de mi propia vida y que se hace más consciente en *Un millón de luces:* el trabajo de ocho horas y los lugares de trabajo. Un espacio-tiempo, en que las personalidades de los que allí habitan pueden llegar a concentrarse monstruosamente. Las ambiciones, debilidades, manías. Mi experiencia personal en este terreno me dice que donde se conoce verdaderamente a una persona es en el ámbito del trabajo.

Una oficina es una gran escuela para indagar en la condición humana y un caldo de cultivo ideal para desarrollar todo tipo de obsesiones. Ahí he aprendido que el carácter está por encima de todo, incluidas la inteligencia y la belleza. Ahí he conocido los resortes de la pequeña crueldad cotidiana y de una supervivencia sorda. Y, en medio de todo, me han sorprendido los gestos de desprendimiento y de estar por encima de pequeñeces y rencores de algunas personas. Ahí he aprendido que la gente es difícil, pero que sin ella nos quedamos solos. Quizá porque comencé a trabajar muy joven, gran parte de mi educación sentimental deriva de ese aprendizaje, más que del colegio y la universidad. Y me siento reconfortada por novelas como *El sótano*, de Thomas Bernhard. La familia y el trabajo se podría decir que me han marcado emocionalmente más que el amor y otras cosas buenas de la vida.

Tal vez estemos asistiendo a las postrimerías de una forma de ganarse el sustento y de relacionarse con el mundo y el dinero, con "el gran dinero", de que hablaba John Dos Passos. Puede que dentro de veinte años las torres de cristal se queden vacías, y todos contribuyamos, desde nuestros rincones, a tejer la gran tela de araña en que estamos inmersos. Entonces es probable que nuestras costumbres cambien. De momento, de algún modo, aún pertenecemos a la era de los Bartleby, de los Iván Ilich, de los Gregorio Samsa, de los Ramón Villaamil, de los Akaki Akákievich, de cuya historia *El Capote* decía Dostoievski que hemos salido todos. Me encantan estas novelas, que ya hablaban de nosotros. Nada me sugiere tanto como el héroe solitario y sombrío que sale de la oficina y se dirige a su casa. Nada me sugiere tanto como lo que podrá pensar en el trayecto.

Por supuesto, este protagonista ha ido cambiando con los tiempos, sobre todo, en calidad de vida. En *El gran momento de Mary Tribune*, de Juan García Hortelano, ya bebe whisky, liga, tiene coche y el ambiente laboral es menos rancio. Luego vinieron los ejecutivos y los yuppies, auténticos camicaces del trabajo, que han convertido una condena en un valor. Por eso digo que acaso nos encontremos en la última frontera de una forma de vida.

En cuanto a los personajes de *Un millón de luces*, tengo la impresión de haber convivido con ellos en alguna de las torres de cristal por las que he transitado. En casi todas ellas ha habido un Sebastián Trenas, alguien que se queda un poco atrás, vulnerable y perdido en su propio mundo, en su propia empresa, en su propio despacho, en su propia familia y entre sus propios amigos y subordinados. No hace falta lanzarse a la aventura para perderse, tan sólo despistarse un poco. A veces, el que parece más acomodado e indolente es quien menos sabe dónde se encuentra y el único que no se entera de lo que ocurre (o tal vez se entera demasiado), y este desconocimiento asusta.

El trato con compañeros de trabajo me ha creado un gran sentido del compañerismo, aunque en el fondo nunca haya soportado tener que compartir tanto tiempo con ellos, e imagino que viceversa. De todos modos, siempre he necesitado alguien con quien hablar de mis cosas personales, alguien con quien crear un reducto de intimidad y a cuyo lado me diera la sensación de encontrarme en otra parte. Y esta necesidad sin duda ha quedado plasmada en Vicky. Podría jurar que en algún momento he trabajado con ella. Según iba escribiendo se diría que iba saliendo de algún recoveco de mi memoria. Dice que tiene un hijo y que su sueño es comprarse una gran casa y al mismo tiempo tiene aspecto de colgada. La vida de Vicky es un auténtico misterio para la narradora, quizá porque las vidas de los demás, vidas que sólo se entreven, resultan misteriosas.

Estoy segura de haber sentido cariño por alguien como Vicky y de haber odiado a ratos a alguien como Teresa. En cambio, Conrado y los hermanos Dorado son una novedad. Pertenecen a las nuevas generaciones, que han desplazado a la vieja guardia de empresarios encarnados en la novela por Sebastián Trenas y Emilio Ríos.

Estos tres jóvenes ejecutivos me intrigan mucho. Hace unos años tuve que tratar de un proyecto, que ahora no viene al caso mencionar, con dos directivos semejantes a Jano y Alexandro. No pasarían de los treinta y tres y en lugar de mocasines brillantes llevaban deportivas envejecidas. Estaban perfectamente sincronizados y era evidente que entre problemas se encontraban como pez en el agua. Abandoné enseguida cualquier intento de luchar contra ellos, de defender mis puntos de vista, y me entregué a admirarlos sin límite. El proyecto por supuesto no cuajó, pero ellos sí.

He de confesar que antes de que surgiese la idea de la Torre de Cristal, incluso antes de que se desarrollara la voz de la narradora, nada más existía un nombre: Anabel. Anabel fue el germen de esta historia, de la que ha acabado siendo la auténtica víctima.

Algunos de los que leyeron el manuscrito de *Un millón de luces* me preguntaron si yo soy como la narradora. La pregunta me gusta porque me identifico bastante con ella y, sin embargo, me la imagino distinta a mí. Es como si hubiera puesto en ella un noventa por ciento de lo que soy, por lo que el diez por ciento restante adquiere una gran importancia. Aun así he sido incapaz de ponerle un nombre, todos me parecían falsos en ella, cualquiera servía y ninguno, un nombre en su caso no servía para singularizarla, no le hacía falta. Algunas de las cosas que piensa yo no me atrevería a decirlas en voz alta. Como le sucede en la Torre de Cristal, toda mi vida ha sido un ir adaptándome a algo. Y toda mi vida ha sido querer pasar de puntillas por las situaciones que no me incumben, cuando me incumben todas en las que casualmente o no me encuentro, y todas forman mi pasado. De hecho, las personas y situaciones que más han chirriado con mi manera de ser y con lo que yo buscaba son las que más me han enseñado de la vida. Con ellas he aprendido lo que no quería, lo que no me gustaba, lo que me irritaba, lo que yo no iba a hacer en el futuro. En lugar de anestesiarme, me sensibilizaron.

He pretendido que las palabras salieran de la mente de la narradora como ella es y como ella siente. Varía un poco el registro cuando lo que cuenta se lo han contado otras personas porque cualquier historia que se nos relate, sobre todo si es de segunda mano, tiene algo de fábula, algo del érase una vez. Y, desde luego, se nos contará de forma que suene lo menos corriente posible. De este modo, con esta intención, llegan al lector las pequeñas historias que los personajes relatan a la narradora y que tienen que ver con la línea argumental principal. Dichas historias o cuentos surgieron más que nada de la necesidad de dotar de profundidad visual a la novela. Es como si al fondo de cada personaje hubiese una puerta entreabierta, como en Las Meninas de Velázquez. La narradora nos las traslada en una tercera persona, que yo llamaría impura, puesto que todo lo que nos llega ha sido procesado e interpretado por ella y porque he buscado pasar de la acción principal a las secundarias sin brusquedad, marcando la transición con un aparente tono más objetivo. Tampoco hay que olvidar que la narradora es escritora, que esa es su auténtica vocación y que a un escritor todo le sirve: lo que le ocurre directamente, lo que ve, lo que oye, el caso es ir componiendo algo en su mente.

En este sentido se podría decir que lo que ocurre es que la narradora quiere escribir una novela. Ante su casa se está construyendo un gran edificio. Mentalmente se adentra en este edificio y la escribe. Luego sale, y el edificio es abandonado por ella y por sus personajes. Por lo que la novela queda recubierta de una tenue reflexión sobre el quehacer literario. He pretendido que sea tan sutil que apenas se note, porque al mismo tiempo no tenía ningún interés en escribir una metanovela. La sensación que tuve al final, viendo a la narradora y a Vicky sentadas en el banco frente a la Torre de Cristal es que nos dedicamos, tanto en la realidad como en la ficción, a construir mundos, que se acaban o que simplemente abandonamos para construir otros, porque algo tenemos que hacer mientras vivimos.

Y para terminar diré que una vez concluida, he comprendido por qué su estructura tenía que ser ésta y no otra, porque se parece a la estructura de la misma Torre de Cristal, de modo que nos fuésemos asomando por algunas de sus ventanas para conocer así retazos de las historias de los demás. A través de ellas, tal vez la narradora haya aprendido algo sobre la diferencia que hay entre lo que somos y lo que parecemos.

PART II

Performing Modernity
Gender and the Body between the Wars

3. Women Writing on Physical Culture in Pre–Civil War Catalonia

P. Louise Johnson

This essay arises out of a research project on the engagement of intellectuals with physical culture and sport in 1930s Spain. It focuses primarily on a number of women writers whose contributions to the liberal-progressive press in Catalonia during the first years of the Second Republic help us to a clearer understanding of female sports and social activism, and the pressures which variously shaped these women's voices. In so doing, it acknowledges the valuable work carried out by Neus Real on the contribution of Enriqueta Sèculi, Anna Murià, and Maria Teresa Vernet to Barcelona's Club Femení i d'Esports (founded in 1928), and to Juan Manuel de Prada's immensely evocative if frustrating hybrid work, *Las esquinas del aire: En busca de Ana María Martínez Sagi*.[1] The publication of this last in 2000 came some three or four years after my own "discovery" of the enigmatic figure of Martínez Sagi, a writer whose importance to 1930s feminist culture has yet to be recognized in scholarship. The intention of this essay is to begin to redress the lack of attention afforded Martínez Sagi to date, and to examine her small but significant role in the renegotiation of modes of female existence at a volatile historical moment.[2]

The debate surrounding women and sport should be seen in the context of a wider polemic in which Catalanist intellectuals and writers from across the political spectrum sought to publicize the inadequacy of physical education provision in schools, particularly amongst the working classes. There were tensions between those who defended the ideal of sport for sport's sake, resisting its recruitment to the political arena, and others who upheld the utilitarian function of sport. At any one time different commentators would identify conflicting trends in the attitude of the young toward sport, and it is easy to see the imputed attitudes as creations, rather than observations, of certain political interests. The complexities of the debate affected women's sport to differing degrees, but tended to be driven by more conservative, if not reactionary, considerations. While the Olympic movement within Catalonia and Barcelona's own Olympic aspirations provided an almost visionary objective for a (Catalan) nation emerging from beneath the cosh of dictatorship, the youth of the day appeared to be more concerned with sport as a mass-spectator spectacle, little inclined to read literature other than the sporting press, and ill-prepared for their civil roles in a reinvigorated Catalonia.

> És per això que a nosaltres—periodistes esportius, que fa quinze anys que escrivim coses d'esport, ens fa pena de veure com hi ha joventut que no llegeix altra literatura que l'esportiva, que saben de cor els rècords nacionals i mundials, que segueixen al dia els alts i baixos del moviment esportiu, i que si els parleu de Maragall, de Prat de la Riba, de Pi i Margall, de Verdaguer, de *Mar i Cel* o del Monestir de Poblet, queden aclofats com una gallina lloca, sense que els serveixi de res, absolutament de res, tota aquella gama de coneixements estadístico-esportius. (Anon., "Educació esportiva," 12 August 1930)

In what is perhaps an optimistic comment from the same speech, the journalist Lluís Aymamí also observes that sportsmen are beginning to realize that "fer esport no és més que una de les moltes maneres de fer pàtria." In the rhetoric of struggle, there is but a small step from demonstrating athletic prowess in the name of Catalonia, to offering one's physical strength in a more ambiguously envisioned fight, as the following fragment from a speech by Josep Sunyol illustrates. "Al carrer" ought, I think, to be read as shorthand for civilian daily life, but if the battle for the nation is to take place in the streets, the athletes will have both the courage and the physical preparation to acquit themselves as warriors and heroes:

> Els esportius, massa compacta i catalaníssima, són també, en aquesta hora greu, els que poden donar, al carrer, amb els muscles i amb uns ideals a l'ànima, la batalla definitiva. Una batalla per Catalunya i per la llibertat, en una magnífica manifestació d'atletes i d'homes—acabà el conferenciant entre una salva xardorosa d'aplaudiments. (J.M.S., "Esport i ciutadania," 31 August 1930)

Sunyol calls sport a "school of citizenship," and this marks a distance from other commentators such as Andrés Navarro Sedó who place the emphasis instead on what sport can contribute, in the first instance, to individual growth (F.S., "Esport i disciplina"): "Destria el concepte de ciutadania, que és a la fi un vincle polític i per tant jurídic, i diu que per fer la joventut sana i audaç, optimista i forta, no cal barrrejar aquest concepte amb el d'esport, que és d'un índole massa diferent. Creu més adient lligar l'esport a la disciplina individual, ja que és així com ha de néixer el sentit dels deures i drets que és la ciutadania." This distinction manifests itself in other ways. The pursuit of records, for example, is deemed by Navarro Sedó to be an affectation, a response to the needs of personal vanity and therefore of little collective benefit: it is also a trait which he perceives as being less problematic in women ("El record i la raça," 5 February 1930).

In spite of attempts to mobilize Catalanist youth of both left- and right-wing persuasions through the press and cultural organizations during the Second Republic (e.g., *Palestra*, and the major "excursionista" associations), the picture is one of *dis*organization, of individual and small group initiatives rather than of programs instituted by law as had been the case in Italy. Indeed, the failure of the institutional infrastructure to provide for sporting youth is frequently the target of criticism in the Catalanist press. A mobilization of young people which looked, superficially, more like the martial programs of Italy and Germany, did not occur until the late 1930s, and then out of necessity. An article from early 1938 neatly synthesizes many of the concerns surrounding the uses of sport, and even at this historical juncture the author strives valiantly to differentiate the Republican youth movement from others in Europe. However, there is now no pretense regarding the connection between playing field and battlefield: sport is preparation for war, and the ideal of classless participation and education which had been propounded for at least the previous decade, only becomes a reality in the face of Franco's advance:

> Esa España nueva que surge en los campos de batalla, y que se apoya en una retaguardia admirable, tiene hoy, un común denominador: la juventud. Todas las puertas han sido abiertas a nuestros hombres jóvenes. Se han creado Institutos, verdaderamente modélicos. Mañana, cuando la República ofrezca a la historia del mundo el más bello ejemplo de heroismo y de sentido democrático y de amor por la libertad que se conoce, esa juventud triunfante será la más auténtica garantía de su permanencia.
>
> Naturalmente no podía olvidarse uno de los factores más importantes de cuantos influyen en la educación de la juventud. Es el factor deportivo. La República ha creado magníficos campos de deportes en todo el territorio de la España leal, en donde reciben su educación física millares i millares de jóvenes. Un cuerpo de monitores, admirablemente preparados, entrenan a estas nuevas generaciones en toda suerte de ejercicios físicos. Incluso las teóricas tienen lugar al aire libre, como todas las actividades de los educandos.
>
> Pero este entrenamiento deportivo—que hoy forma parte de la instrucción premilitar—no equivale a una gratuita exaltación de la fuerza en detrimento de las actividades del espíritu. La República, que

ha abierto a los obreros las puertas de las Universidades, sabe hermanar esas actividades con el cultivo de las cosas de la inteligencia. Así, entre una carrera de obstáculos y un salto de pértiga, nuestra juventud dedica un largo espacio a la lectura y al estudio de otras disciplinas. ¡Qué lejos estamos de aquella saña con que se persigue en los países totalitarios todo cuanto pueda significar cultivo del espíritu! La educación física en cualquiera de esos lugares es una verdadera negación. Una excusa para alejar a las juventudes de toda inquietud intelectual. Nada de eso entre nosotros. Esta España nueva que surge en plena lucha, nace, es cierto, en los campos de deportes, pero también en los Institutos para Obreros. (Anon., "La educación deportiva de nuestra juventud," 30 January 1938)[3]

The concept of negotiation in the writing of the early 1930s is central: it relates to the notion of sport as a key facet of modernity on the one hand and to the dismissal of sport as mere fashion on the other;[4] to the gulf between cerebral exercise and physical exercise, mind and body; to writers' engagement with male and female resistance to sporting endeavor; to politics and sport; to issues of femininity and sport; to tensions between Madrid and Catalonia; to the relationship that women have or might have with their own bodies; and indirectly, to the casual intimacy which develops between sports players, seen from the perspective of Martínez Sagi herself, journalist, poet, champion javelin thrower, and all-around sportswoman.

I choose to focus here on articles by Martínez Sagi, Anna Murià, and others which were published in a weekly newspaper whose explicit agenda showcased precisely the concerns mentioned above: *La Rambla*, subtitled "*Esport i ciutadania.*" In preparation for its first anniversary in February 1931, *La Rambla* clarified the terms of its agenda as follows:

> Quan diem ESPORT, volem dir raça, entusiasme, optimisme, lluita noble de joventut.
>
> Quan diem CIUTADANIA, volem dir civilitat, catalanitat, liberalisme, democràcia, generositat, amples afanys espirituals. (16, 9 February 1931, 1)

La Rambla was very supportive of the Club Femení i d'Esports de Barcelona; it reported cultural events and listed the results of the Club Femení's competitions. Martínez Sagi and Murià were both members, and the former referred to the Club as "el cálido asilo de mi soledad" (Prada, 470),[5] although her writing in the press betrayed little if anything of this personal emotional dimension. Sagi and Murià's articles allow us to formulate an idea of the meanings both women assign to the female "sporting citizen." Reference will be made to Sagi and Eva Tay's writing in the Mallorcan magazine *Brisas,* and to selected pieces by Sagi in the Madrid weekly

Crónica. These accounts of lived experience allow us to get closer to gender as individual identity, even as, in the case of Martínez Sagi, these same accounts may be a diversion from an aspect of identity which she will not at this stage disclose.

Before addressing what Sagi and her colleagues had to say on questions which had far more than social or political importance, and at the risk of laboring the point, we need to understand what was understood at the time by "sport." A summary is provided by Anna Murià in 1934. Writing under the pseudonym "Romaní," Murià poses the question "What is sport?" to a range of imaginary female types, and the responses constitute a summary, and to some extent a caricature, of prevalent social attitudes ("Una pregunta," 7).[6] The immediate semantic context of "esport" should be understood here as sport which is played or practiced, rather than as a mass or consumer spectacle:

> La damisel la elegant:—Una moda molt *chic*; un costum molt modern. . . .
> La dona de sa casa:—Una manera de perdre el temps.
> La noia que treballa:—L'alegria de moure's!
> La beata:—Una indecència.
> La feminista:—La cultura física indispensable per a l'emancipació de la dona. Reprobo, però, la passió esportiva i la pràctica exagerada dels esports sense el control de la intel·ligència i en detriment de l'actitud intel·lectual.
> La senyora de vuitanta quilos:—L'esport [. . .]er als homes.[7]
> L'esportiva:—L'esport és . . . l'esport; ja està tot dit. Entrenament, esforç i rècord; i, al darrera, dutxa. Copes i medalles!
> L'aficionada a la política:—És un instrument per a formar ciutadanes fortes, sanes, útils a la pàtria i a la societat. Ciutadanes perfectes avui, coneixedores dels seus drets i els seus deures; mares perfectes demà, forjadores de les futures generacions que han de redimir la humanitat.
> La "Miss Barriada 1934":—És molt bo per a conservar la línia . . .
> La velleta:—Aneu . . . aneu . . . Si són igual que xicotots, aquestes noies d'avui dia!
> L'Homo sapiens:—L'esport . . . femení? Psé! No val la pena de parlar-ne.

It would not have been lost on Murià that for all its indulgence of female sporting activities, *La Rambla* was quick to drop from its pages all but a passing mention of women and sport on those occasions when the political situation in Spain entered crisis. But social and political instability could also work to the advantage of increased exposure. When the Catalan Statute of Autonomy was suspended in October 1934, sport and the arts took on a renewed prominence in the press as censorship reduced dramatically what could be said under the heading of "ciutadania."

Sport in its different forms had risen to cultural prominence from the 1920s on. In their study of sport and the putative popular "Olympiad" [sic], Santacana and Pujadas suggest that in Catalonia, modern sport might best be considered as separate from the public sphere, from the state apparatus, and linked instead to the realm of private initiative, patronized and promoted by the bourgeoisie, at least in its origins (19). In the interwar period access to facilities for the working classes improved considerably (Santacana and Pujadas, 21), and the call for the construction of public swimming pools, for example, became something of a *cause célèbre* for important sections of the press during the 1930s, as I have shown elsewhere (Johnson). As Real indicates, the Club Femení projected itself as a popular association for women of all backgrounds, and did in fact succeed in attracting a wide social cross-section of members (18), but this represented a mere drop in the ocean of women who might be considered to be of a sporting age. In literary culture and the arts, the sporting experience was recounted almost exclusively by male authors, and its modernity was a torch carried by men. Joaquim Molas has written that

> per als poetes i pintors que participaren en l'experiència del Noucents, la pràctica esportiva fou, com per als grecs, un component més de la formació harmònica de l'individu [. . .] Altrament, per a la tropa artística del tombant de segle i, sobretot, per a la que milità en les Avantguardes, l'esport, com la màquina o el cinema, fou un signe de modernitat, un signe alhora industrial, viril, jove, provocador . . . (n.p.)

It is a short step from modern to modish in the eyes of commentators who in the 1930s witness the "antipàtica intromissió de la dona en les coses dels homes," and conclude that female interest in sport is a fashion in the most banal sense of the word (Murià, "L'esport femení considerat seriosament," 11 April 1932). If, as Anna Murià complains, the majority of women pay no attention to sport—either through ignorance or because they are standard-bearers of a misplaced erudition rooted in the primeval sludge—then the numbers of women who write about sport from anything approaching a sympathetic angle are likely to be small indeed. Within this group of women journalists, the contributions of Martínez Sagi and Murià are an at once rare and authoritative source.

Murià's allusion to a misplaced "erudition" which is antagonistic to (female) sporting endeavor implies that erudition need not in fact be so positioned, and brings into picture the eternally awkward meeting of intellectuals and physical culture which frames this essay. By "intellectuals," I refer to both men and women who think and write, contrary to the terminology in common use which often sees "intelectuales" as a closed, male category.[8] In the 1920s and early 1930s the discussion surrounding the need for an approximation of literary culture and sport was directed by prominent figures such as Carles Soldevila, Domènec Guansé, Carles Sindreu, and J. V. Foix, together with entities such as the Federació Catalana de Futbol. In fact, few commentators practiced what they preached, although Martínez Sagi is very much an exception, as we shall see. The Club Femení i d'Esports by its very existence also demonstrated female commitment to bridging the mind–body dichotomy.[9]

In an interview published in *La Rambla* in 1931, shortly after an athletics competition in Madrid and a successful poetry recital at the Madrid Lyceum Club, Martínez Sagi is designated "una dona d'un dinamisme excepcional a les nostres latituds." Poetry is at once her weakness, she admits, and her greatest love:

> No us estranyeu? Sembla que a molta gent els fa certa gràcia això que corri darrera una pilota, i llenci el javalot, i després escrigui sonets. ¡Què hi farem! Jo crec que l'Esport i la Poesia són perfectament compatibles. (Lewis)

"Dynamism" is a noun which tends to attach itself to the figure of Sagi during this period. On her being named to the Board of Directors of FC Barcelona in 1934,[10] Lluís Aymamí comments that she possesses a vast culture and lives sport intensely. Her dynamism is evident "teclejant a màquina d'escriure a l'oficina, com bogant al port, donant conferències, jugant al bàsquet o escrivint reportatges." A piece from *Crónica* some weeks later speaks of her in similar terms (Solsona). The inauguration of the Club Femení's swimming pool at their base in the Plaça Espanya in July 1932 allows Anna Murià the opportunity to exalt this idyll of intellectual and physical complementarity—exemplified by Sagi—without a trace of the cynicism or resignation that is sometimes to be found, for example, in Carles Soldevila's writing. (Soldevila had remarked that it would be a good thing to throw oneself wholeheartedly at sport, just as one might wish for a hefty dose of the measles, in order to get them over with; Soldevila, "Tres posats," 2). Murià observed that

> hi ha una unió estreta, com de marit i muller, entre les parets blanques de la biblioteca i el verd i el níquel de la piscina, entre l'aigua i els llibres acaronats per les mateixes mans, que humides fullegen els llibres i amb aroma de paper i d'idees es llencen a l'aigua . . .
> Piscina i biblioteca: els dos plats de la balança de la modernitat femenina. I damunt de cada plat, una gran quantitat de gràcia i una gran quantitat de seny. ("Piscina i biblioteca," 25 July 1932)

In alluding to the bond between husband and wife Murià legitimizes the union of physical culture and intellect, and marks it as entirely conventional (and heterosexual) and therefore nonthreatening. Martínez Sagi's cheerful dismissal of what others might see as her own contradictions—a love of poetry and sport—is, by contrast, and even allowing for the difference between spoken and written discourse, a far less serene proposition. It is also far less rhetorically anxious about its situation within the bounds of "acceptable" behavior.

Whereas it certainly may have been true, as Santacana and Pujadas maintain, that sport had largely been confined to the private sphere, the visibility of women athletes in publications such as *La Rambla* pushed female activity much closer to the public realm. At the same time, the baring of flesh which had become familiar from Hollywood movies further heightened sensitivities and gave ammunition to those who sought to defend traditional gender categories. Resistance to sporting endeavor came in many forms and from many directions, as Murià's fictional survey suggests. It came from the athletes too, since in order to be taken seriously there had necessarily to be limitations governing not just what they did, but where they did it, with whom, and what they looked like while they were doing it. However, as we see from Martínez Sagi's articles in particular, there was often a tension between the theory and practice of recommended behavior, as conventional propriety fell away before a celebration of youthful excess and the questioning of stereotypes. Real is right to point out that when we talk of modernity and progress in relation to women of the time, these concepts have to be understood in their historical context; yet, as we will see at the end of this essay, there is greater affinity, not to say complicity, in Martínez Sagi's writing with those who stretch these same concepts. In policing both sides of the sport debate, and in defending modern woman, Sagi is forceful to the extent of recklessness. Her famous "Carta oberta a Pere Mialet" contains the most unambiguous condemnation of criticism directed at women writing in the press, and at the Club Femení i d'Esports: she calls Mialet "un anti-feminista furibund, un antiesportiu, un antiquat."[11] Unsparing in her sarcasm, she writes: "De totes maneres, hem d'agraïr-vos, si més no, la sinceritat en exposar-nos amb to moieta com són ridícules les dones ocupant-se i interessant-se d'altres coses fora de sorgir, cuinar, i obeir en tot al marit, amo i senyor" (Sagi, "Carta oberta a Pere Mialet," 9 November 1931). She then directs her attention to the reader, deriding Mialet, before addressing him directly once again:

> Jo no conec el susdit senyor, però me l'imagino gras, pesat, amb panxa; home de poques preocupacions i cabòries, conservador, ànima somorta, sorda per tota vibració. Possiblement, aquesta fòbia contra els esportius

no és res més que el reconeixement de la pròpia ineptitud per practicar cap mena d'esports i l'enveja i l'exasperació de l'individu que no ha gaudit d'una joventut sana, forta i alegre sota la llum del sol dels estadis i les platges. És quasi bé segur que els esbufecs i el rebentament de cada matí per empaitar el tramvia en tenen una bona culpa de tot el vostre antideportivisme, senyor Mialet.

Sagi's explication of Mialet's attitude may be fanciful, but it nevertheless underlines what she sees as the need to embrace life in uncompromisingly physical, as well as intellectual, terms. When she defends, as above, the compatibility of sport and poetry, of chasing after a ball and composing sonnets, she does so on existential grounds, not by invoking, nor less practicing, an aesthetic alliance such as Carles Sindreu seeks in his tennis and football calligrammes.[12] Her own poetry reveals a different, though more conventional approach to the physical. Juan Manuel de Prada recalls that the novelist and poet Elisabeth Mulder, sometime close friend of Martínez Sagi, had rejected precisely Sindreu's brand of modernity as exemplified by the calligrammes, in a review of *Inquietud*, a poetry anthology published by Sagi in 1932. Mulder's description of the poetry emphasizes the physicality and vigor of Sagi's compositions, qualities which "compensate" for the fact they are "esencialmente subjetivos" (197). If the sporting calligramme seeks to incorporate into poetry a visual experience of sport, Martínez Sagi does the opposite, playfully underlining the essential aesthetic attraction of the athletic act in her rebuttal of Mialet:

Quant al que no hi ha gens d'estètica en un llançament de disc, o una cursa, o un salt d'alçària, veiam, senyor Mialet, en confiança, amb la seguretat que no he de repetir-lo a ningú, de vós a mi: ¿ja sabeu ben bé el significat de la paraula Estètica?

Mialet's objections seem to have been founded on a dislike of exhibitionism and a disapproval of the number of photographs of female athletes appearing at that time in the press. In her refutation, Martínez Sagi falls back on a conventional defense, referring to herself and fellow members of the Club Femení as "femenines i feministes": just as there is a "right" way of being a feminist for many of these female journalists, which is usually defined in contrast to the British Suffragettes,[13] so there is a "right" way of being a female "esportista." Both models seek accommodation rather than confrontation (in spite of Martínez Sagi's feistiness), and central to this is the negotiation of femininity. In the general sporting view, cycling is viewed as unfeminine even though it serves to strengthen and slim the legs, wrestling and boxing are anathema, and rugby and soccer are to be avoided, although

Sagi regularly played soccer as a young girl, and even actresses of the day confessed to wishing they could play.¹⁴ Soccer is fundamentally anti-aesthetic in the dominant female discourse; as Sagi says,

> [l]a dona, al camps de joc, en plena lluita, procurarà sempre no oblidar, ni en l'exterior, la seva condició de dona. I una que porti unes sabates que pesen tres quilos, i dóna puntades de peu a una pilota, i comet "fauts", farà pensar tant, en aquells moments, en una dona, com jo en una guàrdia urbà quan em risso els cabells i em poso pòlvors. ("Consideracions entorn de l'esport femení," 11 January 1932)

Few writers—Soldevila excepted—demonstrate so assured a recourse to humor in their articles, although the mode of Sagi's humor is very different. This comment derives from a piece in which the lead shown by the United States in promoting women's sports (she refers to the U.S. as "el país de les grans excentricitats") is cited as an unwelcome influence in Catalonia, where Sagi has recently read reports of a Barcelona versus Valencia women's match. The fixture has been immensely harmful to the public acceptance of women's sport, as well as exposing the players themselves to ridicule (legs in the air, crunching tackles, faces in the dirt . . .).¹⁵

The counter side of unacceptable sport is occupied by tennis, but as Anna Murià insists, its evident aesthetic attractiveness is too often abused, for, with limited exceptions, female tennis players are not interested in sport. "Als Clubs de tenis [sic] s'hi va a ballar, a flirtejar, a pescar marit, a lluir vestits, a veure modes . . . . Per a tot això, l'esport és una bona excusa" (Romaní, "Tenis," 18 December 1933). The showers in the changing rooms are dry, remarks Murià, with evident disdain for women who do not exert themselves and show little concern for the hygiene aspects of physical exercise. Why does tennis seem to engender such disrespect for the sporting ideal? Murià says simply that it is an expensive sport, and therefore a "class" sport, characterized by the vanity of its players. And vanity, she declares, is incompatible with pure sport. Indirectly Murià also implies that the wealthy are not serious about sport at all.

Being serious about sport, and serious about the aesthetics of sport is a continuous and complex exchange. An athlete who focuses exclusively on a single discipline risks muscular imbalance, but an overambitious athlete who indulges in too many different sports and attendant competition will not perform to the best of her ability (Romaní, "Llançaments," 27 November 1933). In addition, as Murià comments, the matrimonial tendencies of girls have always been the great enemies of sport (Romaní, "Ecos," 19 February 1934): women marry before they realize their full athletic potential.

Martínez Sagi's affirmation of the place of woman in sport is closely allied to the increasing awareness amongst progressive women of the need to take their responsibilities seriously, starting with their own bodies. Much of what she writes, particularly around the mid-1930s, is directed to this end, and she finds a fellow traveler in Eva Tay, a dancer of Belgian–German descent residing in Mallorca from 1932 onwards. Tay's articles in *Brisas* detail programs of daily exercises accompanied by illustrations, condemnations of Spanish women as possessing the worst bodies of all European women, and a dismissal of commonly employed slimming methods.[16] Such criticisms of domestic culture are repeated by other foreigners working in Spain, notably Elsy Longoni, a Swiss dance instructor who holds classes at the Club Femení, and whom Martínez Sagi interviews for her column in *Crónica*:

> [C]uidado con la cocina española. Demasiadas grasas, demasiadas féculas, demasiada comida. Y cuidado con especializarse en un solo deporte. Conviene practicar varios ejercicios, y de entre ellos elegir con preferencia la natación y el esquí. ¡Y mucha agua fría, y aire, y sol! Y menos alcohol, y menos estimulantes, y menos régimen de hambre. ("Elsy Longoni," 10 December 1933)

In turn, Sagi estimates that ninety-five percent of Barcelona women are "misshapen," including many who play sport, concerned to make their faces beautiful but caring nothing for the beauty of their bodies ("L'esport i la bellesa estètica," 25 June 1934). The terms of her discourse are characteristically brusque. In the summer of 1935, the condemnatory tone has further intensified as Sagi enacts a quite brutal deconstruction of society women whose perception of the physical benefits and leisure possibilities afforded by the countryside seems not to extend beyond "una prolongación del vivir artificioso y complicado de la ciudad": "Yo sigo pensando que es V. una mujer sin sentido común ni inteligencia, prisionera de convencionalismos y prejuicios. Una mujer, cuya vida pertenece exclusivamente a los demás: una vida sin objeto, sin profundidad, y sin belleza. [. . .] Usted es un caso perdido" ("Vacaciones en el mar y en la montaña," 12). In the event any female readers should have decided to remedy their neglect of physical culture, Sagi publishes a series of ten commented photographs of Longoni's students exercising; these are exercises "que no presentan dificultades insuperables y que practicados diariamente, iniciarán con éxito, la reforma de vuestro cuerpo en ruinas" ("Para las mujeres que desesperan de obtener un cuerpo bello").

The task of national reconstruction concerns the intellectual and moral development of women, in addition to the shoring up of their flesh. This is where the mutuality and integrity of sport and citizenship, "esport i ciutadania," come into their own. We recall Sagi's argument in the letter to Pere Mialet that it is no longer legitimate nor desirable that women should be mere vassals of their husbands. The gradual process of emancipation encouraged by sport leads to greater independence of judgment, and during years when the major objection to female suffrage was woman's inability to think for herself, this is no small contribution to the formation of women who are able to make proper use of the vote. A number of articles treat this dimension. In one of the dialogues published in his "Inter Nos" column in *La Rambla*, Carles Soldevila has a character wistfully accept that modern woman knows she can disregard male opinion, is quite capable of doing things for her own pleasure in an act of free will, and plays sport because she wishes to, not to please anyone else (Soldevila, "Inter Nos"). Maria Teresa Vernet, officer of the Club Femení and novelist, juxtaposes discipline of the body in the form of sport, and discipline of the intellect, emphasizing that each is necessary to the other (Murià, "Maria Teresa Vernet"). Josep Maria Massip, editor of *La Rambla*, cites courage and discipline as the essential constitutive elements of sport, and encourages the young, who have become more interested in politics, to return to sporting endeavor for what it represents in the democratic nation, namely, a means of strengthening the body and nervous system so that it may withstand the rigors of modern life. For her part, Sagi adopts Victoria Kent's line on suffrage (opposing the vote for women until such time as women might be sufficiently educated and free-thinking to support liberal Republican principles), but sees the vote as merely one small step in a much longer journey towards emancipation. According to Prada, as a war correspondent she throws her lot in with Durruti, believing that only revolution will bring about a society free from the constraints which had led to the ending of her relationship with Elisabeth Mulder (488–89).

As indicated earlier in this essay, what makes Martínez Sagi's writing distinctive is her readiness to celebrate transgressions of gender codes, even as she expounds on femininity and shies away from being labeled irrevocably as a dissident. I would like to conclude with two texts that embody this sisterly complicity. The first appears in *Crónica*, entitled "Cómo, entre lances divertidos y pequeñas tragedias, forman las muchachas catalanas la tripulación de una yola" (15 October 1933). The account of a novice rower taking up her oar and cracking her fellow crew members over the head as she struggles with the unfamiliar implement, is related with an irrepressible *joie de vivre*. Once in the boat,

> con los pies atados y el carrito del asiento que se empeña en ir hacia adelante, cuando el cuerpo se inclina hacia atrás, la primera sorpresa que se

lleva una es con el remo. Con el remo, que ha tomado proporciones exageradas y no se sabe qué hacer con él. Sirve para dar porrazos a la espalda de la compañera, para calarlo hasta la mitad, con peligro de volcar la embarcación; sirve para sacar sendas cucharadas de agua y remojar a todos los tripulantes; sirve para todo, menos para remar.

Over the course of a few months, the crew improves, and in a final lyrical flourish, Sagi elevates herself and her crew members to the status of sporting pioneers:

Un gran transatlántico, conduciendo turistas, entraba en el puerto. Nuestra yola lo seguía a corta distancia. Desde la barandilla de la cubierta, centenares de ojos curiosos seguían la marcha de nuestra embarcación. De repente se oyó un grito unánime:

—*Ce sont des femmes! Des femmes! Spanish girls!*

Todas las miradas y cuantos cristales de aumento había en el barco—impertinentes, binóculos, anteojos—convergieron en nosotros. ¡Mujeres españolas remando! *Pas possible!* Quedaba destruída la leyenda, la estúpida y bochornosa leyenda. Las españolas no estaban encerradas en las casas, tras la cárcel de sus rejas. Ni llevaban moño. Y es posible que no usaran tampoco mantilla. Les habíamos decepcionado. *Les femmes espagnoles, en train de ramer!* ¿Dónde quedaba *le typisme?*

Una compañera, a la que molestaban las frases de estupefacción y la curiosidad de los turistas, agotada ya la paciencia, se levantó de la embarcación con riesgo de echarnos al agua, y dirigiéndose a los viajeros, les espetó en una jerga original:

—Yes, místers. Oui, mesdames. Somos *femmes. Spanish.* Españolas. Sabemos *ramer, very wuell* [sic]. Y nadamos. Y llevamos los cabellos *coupés.* Y sabemos leer y escribir. Y hablar en *English.*

Después de esta perorata quedóse muy satisfecha.

—Supongo—inquirió—que se habrán dado por enterados, ¿no?

—Claro, mujer, claro. Con este dominio tan absoluto que tienes de los idiomas, ni los franceses habrán comprendido una palabra, ni los ingleses una letra. Pero consuélate: en cambio, la mímica te ha salido muy bien . . .

A gently self-deprecating humor marks Martínez Sagi's best writing on sport, and betrays, I think, those moments when she is in her existential element. Her almost childlike, affectionate admiration of her fellow athletes is similarly striking. Montserrat Guasch, known as Monti, is a member of the Club Femení whom Murià criticizes for being over-ambitious in the number of sports she practices and who underperforms as a result. Sagi interviews her for *Brisas* in 1935. In an era of mass production, Monti is an individual who stands out from the ranks and resists definition ("Una muchacha coleccionadora de 'records'"). She is photographed variously on a motorbike, and sitting in a clinker-built single scull; "es el ser más caótico, más flemático, y más deliciosamente absurdo del Orbe," writes Sagi. Monti confesses to not being at all interested in Rhetoric, Poetry or Literature. "En cambio, descubrí la poesía que encierran los números. Las ecuaciones, los logoritmos y las raíces cuadradas, me entusiasmaban. De haber nacido poeta, hubiera dedicado una oda muy sentida al Teorema de Pitágoras y al binomío [sic] de Newton." Numbers are her truth, art conventional, politics a fraud, literature is damaging beyond limit, and poets are a disaster. Monti is half-teasing, it seems: she derives her pleasure from inventing floating shoes which will allow her to walk on water; from sledging, roller coasters, sky diving[?], racing her motorbike. "Quieres más sensaciones? Con 'las otras', con las de tipo moral, se pierde el humor y la dorada juventud. Créeme: la vida es redonda como un balón: tiene uno que jugar y divertirse con ella. Tomarla a lo trágico, es feo y cursi. Tan feo y tan cursi como una sufraguista inglesa." Monti qualifies herself as "sencillamente un ser superior [. . .] Una mujer 'rara avis'. Un temperamento original e incomprendido." The article turns into an encomium to "la amiga más perfecta."

Anna Maria Martínez Sagi's dedication to the pursuit of sport, and to publicizing women's involvement in sport and physical culture is, as far as I am able to tell, almost unique in Spain at the time, and would be unusual even today. Her enthusiasm and wit betray, perhaps, a writer desperately displacing personal sorrows and lending her loyalty to women in the widest sense (although this is speculation). This loyalty transcends Sagi's commitment to Catalan nationalism to embrace female athletes in Madrid and members of the Madrid Lyceum Club: the Catalans can learn from Madrid women, and although out of delicacy she does not articulate the reverse, it is implicit in her discourse. In recovering the youth of women, and in her adherence to what we might loosely term the living poetry of sport, Sagi comes startlingly close to the model of the sportsman *laureate* of Dalí, Muntanyà and Gasch's 1928 *Manifest groc*, although her agenda is more inclusive. If Catalan championing of sport at the time is to some extent a pose (an observation that might arguably be made of the review *D'Ací i D'Allà*), or a fraught and contested aspiration, Martínez Sagi at least is not pretending, and her contribution to 1930s female culture deserves to be re-examined.

NOTES

1. Prada's work is a generic blend, part novel, part biography, and partly "reconstructed" from recorded conversations with Martínez Sagi. She is known to have exaggerated certain events in her life (she was, for example, told about, but not directly involved in, Jeanette MacDonald's "escape" from her paparazzi-besieged hotel).

2. Sagi featured in an exhibition entitled "Set dones periodistes dels anys 30" in 2001, but has otherwise received little publicity. See http://graciaweb.com/vilaweb/arxiu/marco1.htm (accessed 4 December 2005).

3. Joaquim Ral Banús had claimed in his 1936 *Resum d'educació física* that "[c]ap dels grans fets produïts sota la inconfusible influència de l'educació física—alguns d'ells importantíssims, com l'afermament patriòtic prussià, la regeneració ètnica de suècia i la reconstitució nacional txeca—, no ha tingut ressò, en cap sentit, damunt les nostres habituds pedagògiques de pràctica immemorial. Les energies dels homes que han viscut i governat el desvetllament nacional de la nostra terra, entrebancat pels fanatismes polítics, s'han escolat per vies molt distintes de les que ens ocupen, i això fa que ens trobem, avui encara, sense tradició, al llindar d'uns pocs camins que, amb la seva admirable força disciplinadora, ens hauria conduït resoltament cap a una ràpida recuperació de la nostra personalitat collectiva, excessivament desdibuixada" (5–6). Even bearing in mind Ral's acknowledgement that in some educational sectors things have recently begun to change, and also remembering that an author has to identify, if not create, a niche for his book, the situation he describes is all too resonant a reality, and one which is addressed tragically late.

4. See, e.g., Persona "A" in Soldevila's article "Inter Nos."

5. "Soledad" is a reference to Martínez Sagi's emotional state following the break-up of her relationship with the poet and novelist Elisabeth Mulder.

6. The pseudonym was adopted in 1933.

7. The text is damaged at this point.

8. Cf., for example, the subheading "Los intelectuales y la mujer" given by Mercedes Roig in *La mujer en la historia a través de la prensa*.

9. See also in this regard Real (33 n. 51). It is significant that the "Manifest groc" published in 1928 by Salvador Dalí, Lluís Montanyà, and Sebastià Gasch elevates athletes in the cultural and intellectual hierarchy while damning intellectuals, echoing certain Italian futurist manifestoes:

> AFIRMEM que els sportmen estan més aprop de l'esperit de Grècia que els nostres intel·lectuals
> AFEGIREM que un sportman verge de nocions artístiques i de tota erudició està més a la vora i és més apte per a sentir l'art d'avui i la poesia d'avui, que no els intel·lectuals, miops i carregats d'una prepració negativa.

10. "En menos de un año ya había dimitido. La asamblea de socios no aprobaba sus propuestas y se tuvo que largar, asqueada de tanta virilidad cejijunta." See Prada (209).

11. Martínez Sagi is responding to a letter Mialet had published in *La Publicitat*.

12. A calligramme is a concrete or visual poem in which the arrangement of the words evokes either a picture or the activity described in the poem. The term is attributed to Guillaume Apollinaire.

13. See, for example, Lewis; Arquimbau, "Nosaltres"; Murià, "Els deures de la dona"; and Arquimbau, "Feminisme, feminitat i confidències."

14. "Jugaria a tennis, probablement, perquè trobo que és l'esport més estètic i més indicat per [a] una dona, però en el fons del fons, jo li tinc de confessar que m'agradaria jugar a futbol. No faria gaire bonic una dona jugant a futbol ja ho sé,

però és l'esport que m'agradaria més . . . Ah: sí, sí! M'agrada amb deliri el futbol, ja ho pot dir" (Arquimbau, "Maria Vila").

15. See also Martínez Sagi, "La pràctica dels esports": "A Nord-Amèrica sembla que el futbol femení agrada moltíssim. Està bé. També allà troben un plaer exquisit a presenciar com dues locomotores llançades a tota velocitat per una mateixa via, topen amb una violència que esgarrifa, i es fan un tip de riure veient com un senyor s'enfila de peus damunt el ventre d'un altre, i l'estaborneix a cops de peu contra terra. Per a ells, certa mena de novetats salvatges tenen l'èxit assegurat. Però ací, que no tenim ni l'activitat, ni els gratacels, ni els milions, ni les ciutats populoses que ells tenen, podem demostrar que tenim més bon gust i una sensibilitat de veritables esportius."

16. See, for example, Taia and Anon., "Cultura física."

WORKS CITED

Anon. [No title.] *La Rambla (esport i ciutadania)* [Barcelona] (9 Feb. 1931): 1.
Anon. "La conferència de J. Sunyol i Garriga als esportius de Sant Cugat." *La Publicitat* (31 Aug. 1931): 9.
Anon. (illustrations by Eva Tay). "Cultura física." *Brisas* 17 (1935): n.p.
Anon. "Educació esportiva: Conferència d'en Lluís Aymamí i Baudina a Sant Cugat del Vallès." *La Publicitat* [Barcelona] (12 Aug. 1930): 8–9.
Anon. "La educación deportiva de nuestra juventud." *La Vanguardia* [Barcelona] (30 Jan. 1938).
Arquimbau, Rosa Maria. "Feminisme, feminitat i confidències." *La Rambla (esport i ciutadania)* [Barcelona] 106 (25 Jan. 1932): 5.
———. "Maria Vila: Primerissima actriu del nostre teatre." *La Rambla (esport i ciutadania)* 118 (18 Apr. 1932): 7.
———. "Nosaltres." *La Rambla (esport i ciutadania)* 82 (erroneously numbered 81) (3 Aug. 1931): 7.
Aymamí i Baudina, L[luis]. "Comentari de la setmana. Dones dinàmiques. Anna Maria Martínez Sagi." *La Rambla (esport i ciutadania)* 262 (30 July 1934): 5.
Dalí, Salvador, Lluís Montanyà, and Sebastià Gasch. "Manifest groc." Barcelona: [n. pub.], 1928.
F.S. "'Esport i disciplina', conferència del Sr. A. Navarro Sedó." *El Matí* [Barcelona] (28 Nov. 1930): 14.
J.M.S. "Esport i ciutadania: la conferència de J. Sunyol i Garriga als esportius de Sant Cugat." *La Publicitat* (31 Aug. 1930): 9.
Johnson, P. Louise. "Almost a Revolution: The Cultural Centering of the Swimming Pool." *Romance Studies* 22.1 (2004): 41–50.
Lewis. "Anna Maria Martínez-Sagi, ens parla del 'Club Femení i d'Esports' i de les seves activitats literàries." *La Rambla (esport i ciutadania)* 99 (7 Dec. 1931): 5.
Martínez Sagi, Ana María. "Cómo, entre lances divertidos y pequeñas tragedias, forman las muchachas catalanas la tripulación de una yola." *Crónica* [Madrid] 205 (15 Oct. 1933): 3–4.
———. "Consideracions entorn de l'esport femení." *La Rambla (esport i ciutadania)* 104 (11 Jan. 1932): 6.
———. "Elsy Longoni, o el espíritu de la nueva danza." *Crónica* 213 (10 Dec. 1933): 2.
———. "L'esport i la bellesa estètica." *La Rambla (esport i ciutadania)* 246 (25 June 1934): 10.

———. "Para las mujeres que desesperan de obtener un cuerpo bello." *Brisas* 17 (1935): n.p.
———. "La pràctica dels esports." *La Rambla (esport i ciutadania)* 253 (2 July 1934): 8.
———. "Una muchacha coleccionadora de 'records'." *Brisas* 15 (1935): n.p.
———. "Vacaciones en el mar y en la montaña." *Brisas* 16 (1935): 12.
Massip, Josep M. "Una conferència de Josep M. Massip." *La Rambla (esport i ciutadania)* 170 (10 Apr. 1933): 4.
Molas, Joaquim. *Passió i mite de l'esport: Un viatge i artístic i literari per la Catalunya contemporània.* Barcelona: Diputació de Barcelona, 1986.
Murià, Anna. "Els deures de la dona." *La Rambla (esport i ciutadania)* 104 (11 Jan. 1932): 7.
———. "L'esport femení considerat seriosament." *La Rambla (esport i ciutadania)* 117 (11 Apr. 1932): 7.
———. "Maria Teresa Vernet presidenta del Departament d'Actuació Social del C.F. i d'E. La seva joventut, la seva lluita i el seu art." *La Rambla (esport i ciutadania)* 155 (24 Dec. 1932): 13.
———. "Piscina i biblioteca. Una família esportiva." *La Rambla (esport i ciutadania)* 132 (25 July 1932): 5.
Navarro Sedó, A. "El record i la raça." *El Matí* (5 Feb. 1930): 5.
Prada, Juan Manuel de. *Las esquinas del aire: En busca de Ana María Martínez Sagi.* Barcelona: Planeta, 2000.
Ral Banús, Joaquim. *Resum d'educació física.* Barcelona: Editorial Barcino, 1936.
Real Mercadal, Neus. *El Club Femení i d'Esports de Barcelona, plataforma d'acció cultural.* Biblioteca Serra d'Or, 205. Barcelona: Abadia de Montserrat, 1998.
Roig, Mercedes. *La mujer en la historia a través de la prensa.* Serie estudios 3. Madrid: Ministerio de Asuntos Sociales, 1989.
Romaní [Anna Murià]. "Ecos." *La Rambla (esport i ciutadania)* 218 (19 Feb. 1934): 9.
———. "Llançaments. Els errors de les nostres atletes." *La Rambla (esport i ciutadania)* 206 (27 Nov. 1933): 9.
———. "Tenis." *La Rambla (esport i ciutadania)* 209 (18 Dec. 1933): 7.
———. "Una pregunta i moltes respostes—Què és l'esport?" *La Rambla (esport i ciutadania)* 228 (30 Apr. 1934): 7.
Sagi [Ana María Martínez]. "Carta oberta a Pere Mialet." *La Rambla (esport i ciutadania)* 95 (9 Nov. 1931): 10.
Santacana, Carles, and Pujadas, Xavier. *L'altra olimpíada Barcelona '36: Esport, societat i política a Catalunya (1900–1936).* Descoberta 1. Barcelona: Llibres de l'Índex, 1990.
Soldevila, Carles. "Inter Nos." *La Rambla (esport i ciutadania),* 129 (4 July 1932): 5.
———. "Tres posats de la literatura davant l'esport." *Butlletí del F.C. Barcelona,* 7 (Feb. 1929): 1–2.
Solsona, Braulio. "Anna Maria Martínez-Sagi, directiva del Barcelona F.C." *La Rambla (esport i ciutadania)* 266 (27 Aug. 1934): 8. Reprinted from *Crónica*.
Taia [Eva Tay]. "Eva 1935." *Brisas* 15 (1935): n.p.

4. Out of the Glass Niche and into the Swimming Pool

The Transformation of the Sirena *Figure in the Poetry of Concha Méndez*

Nicole Altamirano

In the prologue to *Vida a vida,* Juan Ramón Jiménez, the unofficial patriarch of the Generation of '27, refers to Concha Méndez as "la sirenita del mar que sonreía secreta a los mocitos en su nicho de cristal, acuario esmeraldino" (11). Jimenez's play on words invokes the woman poet's first name with the word *nicho,* the etymological root of which is the Old Italian word for seashell. It is, however, the secondary definition of *nicho* (sepulcher, tomb) that provides insight into the space, or lack thereof, that Concha Méndez occupies in Spanish literary history. Indeed, Concha Méndez's poetry has been virtually buried, alongside that of her female contemporaries, in the forgotten annals of Spanish literature and denied the canonical legitimacy awarded to the male members of the poetic group. Jiménez's comment calls for an explanation that goes beyond its self-evident patriarchal misogyny, in light of the political and social liberties enjoyed by women under the Second Republic (1931–36), the resurgence of artistic creativity that ushered in the so-called second Golden Age of Spanish letters, and the fact that a fair number of women were publishing poetry at the time. Concha Méndez alone published four books of poems before going into exile in 1936: *Inquietudes* (1926), *Surtidor* (1928), *Canciones de mar y tierra* (1930), and *Vida a vida* (1932) were followed by *Niño y sombras* (1936). Besides Méndez, the best-known women poets of the period were Ernestina de Champourcin, Rosa Chacel, Josefina de Torre, and Carmen Conde.[1]

In explaining the erasure of poetry by women of the Generation of '27 from Spain's collective literary memory, Catherine Bellver looks to a varied set of cultural circumstances, including women authors' exile at the outbreak of the Civil War[2] and their ensuing personal situations. She concludes that while they enjoyed a degree of notoriety in their day, their involvement in the intellectual milieu, brought about in some cases via marriage,[3] was illusory. In the end, Bellver asserts that these women were not truly respected as equals and their participation in the literary activities of the era was never more than marginal.

In his indispensable study of Spanish female poets, John Wilcox, meanwhile, emphasizes the praise Méndez received from famous male poets among her contemporaries and attributes her disappearance into literary oblivion to the fact that the Generation of '27 "is synonymous with an androcentric style" (88). Indeed, Ortega y Gasset, whose "La deshumanización del arte" (1925) served as a manifesto of sorts for the young poets, heralded the new age of art as characteristically masculine: "El nuevo estilo . . . solicita, desde luego, ser aproximado al triunfo de los deportes y juegos. . . . La mujer y el viejo tienen que ceder durante un período el gobierno de la vida a los muchachos" (63–65). Wilcox maintains that the women poets' deviations from this norm, specifically their "female personae, desire, gynocentric style, nontranscendentalism,[4] and subversion of masculine ideals" (88) led to their exclusion from the canon.

Yet when these women did attempt to engage in the prevailing literary aesthetic, as did Concha Méndez in her early career, they were condemned as derivative. In her case, much has been made of the debt to Alberti in her vanguardist works.[5] Alfonso Sánchez Rodríguez goes so far as to say the following about the shift in Méndez's poetry from the late 1920s to the 1930s: "Quizá pudiéramos afirmar que con el abandono de la estética vanguardista murió la mujer moderna que había vivido en ella y nació la mujer real que iba a ser Concha Méndez" (133). Implicit in this assessment is the idea that the modernity ubiquitous in her early work represents an affectation, a fad that passes once she finds her "real" identity as a woman. It is interesting to note that Sánchez Rodríguez does not see a parallel poetic trajectory in Méndez's male contemporaries. The critic makes no reference to the "humanization" of poetry taking place as the Civil War drew near. Rather, associating the new stage in Méndez's poetry with her blossoming love for her future husband, Sánchez Rodríguez views her "real"ization as a feminization of her work, thus relieving the male discomfort associated with the androgynous sportswoman present in her experimental poetry. Roberta Quance echoes this sentiment by insisting that "no encontrará su voz hasta *Vida a vida* (1932) y *Niño y sombras* (1936)" ("'Hago versos, Señores,'" 194) as well as by maintaining that, in fact, the originality of Concha Méndez is to be found in "el maridaje de lo íntimo femenino a lo tradicional" (195) of her later publications. Further suggestive of the devaluation of the poems in which her "feminine" voice is not present is the fact that the two anthologies of Mendez's poetry include virtually nothing from *Inquietudes* and *Surtidor,* her two earliest works.

While it is true, as Méndez admitted in her 1985 interview with Max Aub (Aub, 243), that Alberti could have been considered her mentor early on, to dismiss her poetry as imitative is to misread it. She and Alberti share a love of the sea,[6] and a marine landscape that includes *sirenas* is prevalent in their work. Mendez's mermaid is far from a static representation of the classic myth, and in revising this icon of androcentric imagination she sets herself apart from her male contemporaries.[7]

The following is an exploration of revisionist mythmaking in the poetry of Concha Méndez, specifically of the poet's appropriation and reinscription of the traditional myth of the siren/mermaid.[8] An analysis of various poems shows that Méndez dismantles the conventional *sirena* figure, effectively subverting the gender codes of masculine hegemonic discourse. She replaces this antiquated mermaid with a modern woman of the water, one who frees herself from the restrictions of male subjectivity. In doing so, the poet proposes an alternative model for female iconography.

Before exploring the ways in which Concha Méndez rewrites the *sirena,* it is appropriate to keep in mind the traditional version embedded within the patriarchal order. In her provocative book, *The Mermaid and the Minotaur: Sexual Arrangements and Human Malaise,* Dorothy Dinnerstein lays out the legend and its implications as follows: "The treacherous mermaid, seductive and impenetrable female representative of the dark and magic underwater world from which our life comes and in which we cannot live, lures voyagers to their doom" (31).

In "Nadadora," an early poem from Concha Méndez's second book, *Surtidor,* the poet carefully positions herself against this *sirena:*

Mis brazos:
los remos.

La quilla:
mi cuerpo.

Timón:
mi pensamiento.

(Si fuera sirena,
mis cantos
serían mis versos.)

The protagonist of the poem is a female swimmer, as was Méndez herself. Yet whereas Juan Ramón Jiménez, in the above introductory citation, dubs this master of the water "the little mermaid," the female poetic voice rejects identification with the conventional figure of the *sirena*. The swimmer establishes herself instead as a different denizen of the ocean, one more culturally neutral—a boat.

The speaker foregrounds her own corporeality, but it is not the sexual variety traditionally associated with the siren. Her body is a formidable vessel that propels itself through the water; it is a vehicle for physical liberation, and for liberation from the trappings of the masculine configuration of the female icon. In a subversion of the fetishistic fragmentation of the female body employed by male classical Spanish poets (ruby lips, ivory skin, golden hair, etc),[9] Méndez divides the woman swimmer's being into arms, trunk, and—in the most radical deviation from the masculine norm—mind. Alicia Suskin Ostriker's delineation of the situation of the female poet sheds light on the novelty of Méndez's departure: "What the genteel tradition demanded of the ladies was that they bare their hearts, gracefully and without making an unseemly spectacle of themselves. They were not to reveal that they had heads.... They were not to demonstrate ambition.... A woman who was able to sing in this cage was respectable. A woman who tried to sing outside it was a whore ... or a monster" (31). In the above poem, the swimmer's primary instrument, the driving force behind the metaphorical navigation, is her thoughts. Given the historical precedent Ostriker maps out, that Méndez breaks out of the cage and rejects the role of the monstrous siren, is significant. This water woman's objective is not to seduce man and destroy him. In fact, her actions have nothing to do with man at all. She does not define herself in relation to him, but rather is an autonomous entity in herself; she moves freely and assuredly through the ocean, a sharp contrast from the traditional *angel of the house* and static fairy-tale figures.

We find the *sirena* framed within the parentheses that close the poem, and these qualifying marks keep her at a distance. If the poetic voice were that of a siren, her songs would be her verses. The use of the subjunctive denotes impossibility; the female swimmer is not a *sirena*, despite Jiménez's attempt to restrict Méndez as such. And yet we do have her verses, and they do constitute a song of sorts. However, it is not a siren's song, or if it is, it is that of a revised siren figure. If man is to be threatened by "Nadadora"'s *sirena*, a siren/mermaid read against the grain, it is because the athletic and intellectual prowess with which Méndez has endowed the female protagonist is a challenge to her male counterpart. And let us remember the allegation of Hélène Cixous that the "true" Sirens were men, whose song, a perpetuation of the myth of female inferiority, the woman writer "must only stop listening to ... for history to change its meaning" (254).

The decidedly modern atmosphere of *Surtidor*'s "Natación" provides for a more elaborate subversion of the mermaid icon.

(Ni sirenas.
Ni tritones.)

En alto, los trampolines.
Y el agua, bañándose en la piscina
blanca
—un baño de trasparencias—.

En las graderías,
expectación, rumores.
Y el portavoz olímpico
disparando palabras:

"¡Salto de pie a la luna con impulso!"

Formas ágiles vuelan
perfilándose en el azul espacioso.

Emoción ahogada en
voces, voces, voces.

La multitud
—jerseys policromados—.
Y el músculo
en contracciones deportivas.

Ritmo; ritmo de brazos y hélices.
Ya,
el vencedor, los vencedores
—laureles sin laureles—.

Y los corazones anónimos
Tirando ¿jabalinas? a la tarde excelsa.

While the title of this poem is similar to that of the one previously discussed ("Nadadora"), the difference lies in the gender neutrality of "Natación". The opening lines contribute to an equalization of the playing field: "(Ni sirenas. / Ni tritones)" (ll. 1–2). Once again mermaids find themselves enclosed in a qualified statement; the parentheses prevent the mermaids from intruding into the main portion of the poem. There will be no place for them here, no place for conventionally reductive female iconography in Méndez's poetic landscape. Indeed, Alfonso Sánchez Rodríguez cites "Natación" as a demonstration of "esa predilección de Concha Méndez por los ambientes modernos y deportivos, y por el personaje mítico femenino que estaba surgiendo de ellos" (122).[10] Yet also framed within the same space and equally unwelcome are the "tritons." While we are familiar with the continual romanticization and mythification of the half female, half fish, the presence of the male version is less commonly felt, and placing the two together results in a type of demythification. When we do hear the word "Triton," it is usually in reference to the mighty Greek god of the sea, son of Poseidon.[11] Yet in making Triton plural, Méndez strips him of his power, reminding us that he is only one of many similar male monsters rumored to inhabit the deep. In addition, placing the negatively connoted sirens alongside the more neutral mermen contributes to the formers' demythification, for the juxtaposition of the man-fish with the woman-fish throws into relief the absurdity of the mermaid as well.

The poem depicts a modern-day swim meet, a primary reason for the exclusion of the antiquated *sirena* figure. Méndez's pool is white, a blank slate on which to rewrite the myth of the mermaid. As far as sex is concerned, it is safe to assume the swimmers of this poem to be both male and female, for the parentheses suggest that while mermaids and mermen will not participate in the competition, women and men will. The pool is a "bath of transparencies" (l. 6). It is clear and uncontaminated, not obfuscated by the cultural baggage of androcentric legends.

The "Olympic megaphone" (l. 9), aside from presenting us the possibility that we are actually witnessing an Olympic swimming competition, also provides for a reinscription of Greek mythology. A reference to the residence of the Gods, it takes us back to the myth of the *sirena* as posited by Homer, the Siren as object formulated by masculine desire and fear. Méndez in turn proposes a contemporary Olympus, a space in which a new myth is constructed, that of athlete in which the woman plays the part of protagonist as well as the man.

As in the earlier poem, Méndez foregrounds the physicality of the swimmers, now "formas ágiles" (l. 12) and "músculo[s] en contracciones deportivas" (ll. 18–19) carving out space for themselves. Margaret Persin confirms the important role of female athletics in Concha Méndez's poetry: "The sporting life that she presents in her poetic texts . . . calls into question the normative patriarchal hierarchy that relegates women to a passive non-assertive presence, whose function remains inscribed upon a text created for them by men, whether within the confines of domesticity or as the passive muse of male artistic endeavors" (197). Further testament to female independence and autonomy is the additional echo of "Nadadora" we find in the mechanical rhythm of the swimmers' arms as propellers.

Who are the winners of the competition? "El vencedor, los vencedores" (l. 22). While "el vencedor" is the abstract word *victor*, it is also gendered masculine. With the subsequent qualification, "los vencedores," however, Méndez creates space for the inclusion of female victors, for while the Spanish plural of *victor* is masculine as well, "vencedores" may comprise both men and women.

The trophy the swimmers earn ("laureles sin laureles," l. 23) is suggestive, and its implications for traditional gender models merit further attention. At this point, Méndez again resorts to Greek mythology in order to dismantle and reconstruct it. Through her allusion to the classical legend of Daphne and Apollo the poet furthers her project of revisionist mythmaking, and a brief exploration of the Greek myth is appropriate here. While Apollo is the mythological god heralded for his rational (i.e., masculine) thought, as well as the god of artistic creation, Daphne, an unfortunate water nymph (a freshwater version of the mermaid), is the reluctant object of Apollo's affection, rendered forever immobile when she is transformed into a laurel tree in attempt to evade masculine desire. Even as a laurel Daphne is ultimately unable to escape her predator, for she endures permanent objectification as Apollo dons her branches in the form of a wreath around his head. The laurel wreath, which has long been the traditional prize for poets, thus carries inscribed in it a history of female objectification.

Is it possible to earn "laurels without laurels"? Is it possible to be recognized as a master of poetry without being a man, without resorting to the traditional objectification of women? In "Natación," Méndez posits an alternative model. The woman here is not a water nymph; she is not a mermaid. Méndez takes masculine desire out of the equation, as she does in "Nadadora." The female swimmer, unconstrained in the water, competes equally alongside the male, successfully evading his sexual gaze. She is not the trophy, as was Apollo's Daphne. Rather, the female swimmer is among those who earn the trophy; Méndez has transformed the feminine object into subject.

In Méndez's third book, *Canciones de mar y tierra* (1930), the poet problematizes the *sirena* in poem #2, from the section entitled "Puerto":

> ... Los bañistas se balanceaban—gimnastas
> —en el columpio de las olas.
>   El sol ponía cristales en las líquidas crestas de tonos cambiantes.
>   Y las piraguas, disfrazadas de colores, eran
> llevadas por el oleaje, en carreras de equilibrio, hacia la playa.
>   Chorreando algas, salieron del mar dos sirenas de bronce ...

While this poem is similar in theme to those of *Surtidor*, it is different in form. The prose style here suggests an almost journalistic quality that moves away from the realm of myth and toward the reality of the modern-day sportswoman. The description of events presented lends a documentary feel to the poem. In this sense one might see it as picking up where "Natación" left off with its reference to the megaphone at the Olympic swim meet. Also important is the resulting suggestion of a before and after, implied by the ellipses as well, of a series of sorts; this is further reminiscent of the feats of "Natación"'s athletes, except that those featured in the water this time are "gymnasts" and rowers instead of swimmers.

The juxtaposition of images in the poem is not haphazard, of course. Rather, it establishes an idea of equality. Echoing the equilibrium present in the poem (l. 5) among the bathers as gymnasts, the sun, the racing canoes, and the mermaids, the poem logs the actions of each of these entities. Both genders are evoked in the first line of the poem, for though "bañistas" has a feminine ending, it is recognized as a masculine noun; the same gender trouble is equally present, if not more so, in the word "gimnastas," whose article is missing. The bathers on the scene are both male and female, and the sun signals a change in tone (l. 3) that makes way for "las piraguas." With echoes of the boat personified in "Nadadora," the canoes racing toward the shore are female ones, the gender of which (*la piragua*) Wilcox cites as signaling an expression of the poet's autonomy (91).

The mermaids' unexpected entrance at the end of the poem breaks radically with the contemporary landscape. What are *sirenas*, rejected from the swim meet, doing at a canoe race? As we have come to expect from Concha Méndez, these are no ordinary mermaids. Or perhaps that is precisely what they are. In other words, what makes these figures stand out from their traditional representations is the fact that they are rendered "real"; the poet achieves this feat by linking them with the sea gymnasts and rowers, but more importantly via the inclusion of the seaweed. It is difficult to imagine one of Alberti's mermaids emerging from the deep drenched in algae. Yet in this contemporary poetic landscape it makes perfect sense. Conventional mermaids are a figment of patriarchal imagination, and when Concha Méndez conjures them up, she positions them as they would be if they did in fact exist. If we were to briefly posit the idea of a real-life mermaid, it would seem plausible, normal, even expected for her to have acquired algae on her skin, given her aquatic way of life; if Botticelli's Venus did in fact rise from the sea on a shell, undoubtedly her hair would not be so perfectly coiffed.[12]

In essence, the presence of the seaweed serves instantly to dismantle the traditional myth of the *sirena*. Furthermore, it brings to mind parallel imagery invoked by Cixous: "We ourselves sea, sand, coral, sea-weed, beaches, tides, swimmers, children, waves. . . . Heterogeneous, yes . . . : airborne swimmer, in flight, she does not cling to herself; she is dispersible, prodigious, stunning, desirous and capable of others, of the other woman that she will be, of the other woman she isn't, of him, of you" (260). While Méndez's seaweed-drenched mermaid may not be as slippery as Cixous's, in the sense that a case for *ecriture féminine* is difficult to make for her poetry, Cixous's reimagination of mythologies as a mode of subverting the patriarchy does resonate here.

In the end, Mendez proposes a mermaid for modernity, one bronzed from the sun, from outdoor athletic activity, not imprisoned in the bronze of a static statue molded by a male artist. Mendez leaves her story unfinished, as shown by the ending ellipses; the mermaids move off camera, so to speak, to continue it for themselves.

As Concha Méndez continues to publish poetry, the exaltation of female liberation and autonomy gradually subsides in her later works. She employs the figure of the *sirena* less and less, and it becomes shrouded in ambiguity, as the following poem from *Vida a vida* reveals:

> No me despiertes, amor,
> que sueño que soy sirena
> y que eres el nadador
> que va a una playa morena
> a bañarse a la claror
> en noche de luna llena.
>
> ¡No me despiertes, amor!

Regarding the thematic change in *Vida a vida*, Emilio Miró asserts, "el poema jovial y deportivo, la canción risueña y marinera, básicamente extravertidos, se han interiorizado, se han teñido de soledad y desolación" (41). Miró's comment resonates in "No me despiertes, amor," and we see that the transformation has affected Méndez's invocation of the siren, as well. John Wilcox reads the *sirena* of *Vida a vida* more optimistically: "the symbol is more complexly developed, as it suggests sexual as well as psychological levels of meaning . . . The siren above is not the woman as Other. She is a symbol of an inviolable female self with which the woman poet is in contact; a self that is autonomous, not one determined by androcentric thought" (115). The siren of "No me despiertes, amor" is undoubtedly more complex then the versions presented in Méndez's earlier work. However, while Wilcox interprets Méndez's siren as pre-Homeric, a positive symbol representative of the wonders of feminine sexuality (115), the ambivalence of the new *sirena* figure does not lend itself so easily to a clear subversion of traditional masculine discourse.

In this intimate confessional poem, which, in contrast to Méndez's vanguardist works, seems to conform to the literary conventions of traditional "feminine" poetry, the female protagonist identifies with the *sirena* to a much greater extent than in the past. Whereas the poetic voice had previously distanced itself from the male myth, it now seems to desire to embrace the unqualified siren figure wholeheartedly. Though the narrator of the *Vida a vida* poem is still separated from the *sirena* insofar as she can be one only in her dreams, it is difficult to imagine the poetic voice of *Surtidor* uncritically longing to be a traditional siren. While the poet's love for the sea dominated her previous works,[13] a romantic love now plays a central role. Further distinguishing this siren from Méndez's previous ones is her relation to the swimmer. Whereas the younger poet replaced the male-envisioned *sirena* myth with an assertive and self-aware female athlete, her swimmer in "No me despiertes, amor" is a man; the female athlete is conspicuously absent.

It is true that we can see a difference between Homer's siren and that of *Vida a vida* in that Méndez's watered-down version is not a threat to men. Yet the siren's innocuousness implies a deprivation of what agency the traditional femme fatale had. The latest *sirena* does not actively call out to lure her prey. She does not sing at all. Instead she waits passively for her masculine swimmer/savior.

It is likewise disconcerting that the speaker wishes to remain asleep. The image of female unconsciousness thus evokes the traditional mythic icons such as Sleeping Beauty, which Méndez previously endeavored to debunk.[14] Her supplication to remain asleep might suggest a desire to retreat from a reality she no longer believes capable of accommodating an active female subject, except that even in her dreams she remains passive.

If there is a trace of the subversion of the traditional feminine paradigm in the poem, it may be found in the relationship between the speaker and the male lover whom she addresses, specifically in the command that he not awaken her. Simone de Beauvoir asks, "What would Prince Charming have for occupation if he had not to awaken the Sleeping Beauty? . . . " (183). Perhaps the subversion lies in denying the man the legendary feat of rescuing the damsel in distress, for it seems that the female speaker of the poem is not in fact in distress. In fact, she wishes to be left alone, content to play out her sexual fantasies in her dreams. Perhaps the mere fact that the poem provides us with a frank exposition of a female sexual fantasy, still very much a taboo in Spain in the era in which Méndez was writing, is enough to override the passivity of the siren character. Echoing this sentiment, Roberta Quance finds *Vida a vida* noteworthy for "sus francas alusiones al amor carnal y a la igualdad de dos cuerpos y dos vidas en lucha (sea ésta amorosa o existencial)" ("Hacia una mujer nueva," 112), though the assertion of equality of the sexes is a difficult one to make by this time in the poet's trajectory.

If there is hope of a liberating female agency in "No me despiertes, amor," it all but disappears from work written during Méndez's exile in Mexico. By the time she publishes *Poemas. Sombras y sueños* (1944), the Spanish Civil War has come and gone, the poet has lost a child, her marriage has fallen apart, and she finds herself lonely, melancholic, and alienated from her homeland. Differentiating between *Poemas. Sombras y sueños*, and Méndez's early poems, Catherine Bellver points out, "Qualitative evaluations aside, Méndez's focus on inner, private sentiments implies a shift in perspective of her poetic world from subversive masculine discourse emphasizing spatial intrusion, physical mobility, and carefree bravado to a more traditional feminine mode of expression in which enclosure, intimate sentiments, and melancholy prevail" (*Absence and Presence*, 82). Indeed, it seems revisionist mythmaking is a thing of the past, and the mermaid/siren is virtually erased from the lexicon of Mendez's later, more intimate and confessional discourse.[15] Still, in "¡Ay qué marineras era mis canciones algún día!" we find a faint echo of the siren as the poet reflects on her loss:

> ¡Ay, qué marineras eran
> mis canciones algún día!,
> ¡y qué bien que navegaban
> mis mares a la deriva!
>
> Canciones, no me olvidéis,
> venid a mí nuevamente,
> que llevo un sueño sombrío
> temblando sobre mi frente.
>
> Una vez vi un resplandor,
> un lucero parecía,
> y cuando lo fui a tocar,
> era una luz que fingía.
> Él me alejó del cantar
> entrándome en la agonía.
>
> ¡Canciones, venid a mí;
> devolvedme la alegría!

Utilizing the restrictive ballad form, restrictive compared with the free verse of the poems previously discussed and suggestive of the poet's sense of enclosure, Méndez looks nostalgically at her former self and laments her retreat into darkness. The confident songs, female sailors themselves, of the revised siren whose body and mind guided her toward her self-determined destiny are a memory, all she has left. Whereas in "No me despiertes, amor," the speaker at least found solace in her dreams, those dreams have since turned into nightmares ("que llevo un sueño sombrío temblando sobre mi frente," ll. 7–8). While "No me despiertes, amor" was an entreaty to her lover, here the poet begs her songs to return, for the *amor* is long gone.[16] She now rationalizes that her freedom must have been illusory. She once saw a light, perhaps the white light of female possibility represented by the pool in "Natación." Yet whereas the poet previously exposed the androcentric mythological *sirenas* as false in order to create her own female-friendly version, she is powerless to recreate a light where she now finds none. While in "Natación" the poet could leap to the moon if she so desired (l. 11),[17] here she finds herself restricted—and besides, she maintains, the bright star was never a reality. Furthermore, the speaker has regressed into an object ("Él me alejó," l. 13). Her happiness lay in her songs, and now she has lost her voice. Yet we know that to be technically not the case, for Méndez continued to write post-exile, as this poem itself demonstrates. Still, the voice is a changed one. It is that of a defeated woman. The poet no longer endeavors to transgress masculinist mythology with a revised *sirena*. Instead she appropriates a more conventional feminine stance, one that does not threaten patriarchal authority but rather is resigned to what she perceives as an inevitable reestablishment of the traditional gender hierarchy.

Still, it is important to remember that ultimately the *sirena* of Concha Méndez's poetry is not the dainty demure one whom Juan Ramón Jiménez, and male hegemonic discourse in general, has trapped in a glass coffin in the prologue to *Vida a vida*. Nor is she the condemned lethal seductress of ancient Greek legend. In her early work Méndez opted out of the restrictive traditional female iconography and its implicit gender encoding, perhaps at the same time inadvertently writing herself out of the canon. The poet rewrote the myth of the mermaid/siren to suit a modern woman. In her reappropriation of the *sirena* figure she has presented us with an athletic, capable, and liberated water woman, one who does not define herself through her relation to the masculine, one who determines her own destiny. This *sirena* fades away in Méndez's later poetry, as the poet does the same in exile, with a disillusioned resignation to the inevitability of the gender status quo. Nevertheless, we can still look back on the late 1920s and early 1930s as a time during which Concha Méndez's mermaid skillfully and boldly swam against the current of patriarchal discourse, singing a siren song rarely listened to, a song of female freedom and self-determination.

NOTES

1. Others publishing at the time included Pilar de Valderrama, Elisabeth Mulder, María Teresa Roca de Togores, Margarita Ferreras, Cristina de Arteaga, Marina Romero, Ana María de Cagigal, Ana María Martínez Sagi, María Antonia Vidal, Margarita de Pedroso, and Elena Cruz López.

2. Bellver notes that while most of the Generation of '27 went into exile, the amount of time that the male poets spent out of Spain and that their works were censored was short lived compared with that endured by the women poets ("From Illusion to Disappearance," 207).

3. The critic Biruté Ciplijauskaité blames the women poets' marriages to prominent literary figures for their subsequent relegation to obscurity (26). Concha Méndez was married to Manuel Altolaguirre. Other matrimonial pairs included Champourcin–Juan Domenchina and Conde–Antonio Blemás. If we go beyond poets to include other '27 writers we find María Teresa León–Rafael Alberti and María de la O Lejárraga–Gregorio Martínez Serra.

4. On this point Wilcox is mistaken, for nontranscendentalism is in fact one of the seven tendencies of the masculine modern art discussed in Ortega y Gasset's "La dehumanización del arte" and thus should not be viewed as a deviation from the norm.

5. See, for example, James Valender's introduction to *Poemas (1926–1986)*. More dismissive still is José-Carlos Mainer ("Las escritoras del 27").

6. Specifically, Alberti's *Marinero en tierra* has been cited as the inspiration for much of Méndez's seascapes.

7. For other differences between the sea imagery in Aberti's and Méndez's poetry, see Bellver, *Absence and Presence*, 53–54.

8. I follow the concept as defined by Alicia Suskin Ostriker in *Stealing the Language:* "a figure or story . . . accepted and defined by a culture. Historic and quasi-historic figures like Napoleon and Sappho are in this sense myth, as are folktales, legends and Scripture" (212–13).

It is important to keep in mind the duality of the word *sirena*, signifying both siren and mermaid. Spanish does not distinguish between the two, which is probably reflective of the frequent confusion surrounding the two distinct half-human creatures. The sirens whose enchanting voices lured men to their death in *The Odyssey* are half woman, half bird, yet due to their association with the sea they have frequently been mistakenly depicted as half woman, half fish—as mermaids.

9. Observe, for example, Garcilaso de la Vega's continual references to the beloved's feet (Rivers, 59–98).

10. Yet another example of the revised myth of the feminine as a female swimmer can be seen in poem #4 from *Canciones de mar y tierra:* " . . . Y cruzaron, persiguiéndose, dos estrellas fugaces; que se perdieron luego entre la noche alta./ En el silencio del jardín, sobre la piscina/ blanca, iba ya, nadadora, la luna llena" (167). Other projections of the new athlete in Méndez's poems include rowers, skiers, and ice-skaters.

11. Still, Méndez's use of the plural form is not completely new to Spanish literature. The occasional reference to *tritones* can be found as far back as Lope de Vega, for example ("Triton," 360, 2).

12. In "Verdes," another poem from *Canciones de mar y tierra*, Méndez further explores the idea of emergence from the sea and the side effect of algae: "¡Ay, jar-

dines submarinos, / quién pudiera pasear / por vuestros verdes caminos . . . . Y volver a la ribera: . . . verde la cabellera!" (66).

13. "—novia del mar me sentía / novia del mar, o su amante—" she writes in *Canciones de mar y tierra* (49).

14. In *Kiss Sleeping Beauty Good-Bye: Breaking the Spell of Feminine Myths and Models*, Madonna Kolbenschlag expounds upon the cultural implications for gender embedded in fairy tales, interpreting the quintessentially unconscious fairy-tale female, Sleeping Beauty, as follows: "At the universal level of meaning, Sleeping Beauty is most of all a symbol of *passivity*, and by extension a metaphoric spiritual condition of women—cut off from autonomy and transcendence, from self-actualization and capacity in a male-dominated milieu" (5). For further analysis of the trope of female passivity in the fairy-tale tradition, see Marcia Lieberman's "'Some Day My Prince Will Come': Female Acculturation through the Fairy Tale."

John Wilcox considers "Mar" from *Surtidor* to be an example of a rewriting of Sleeping Beauty:

> El viento llevó a los mares
> un féretro de cristal.
> ¡Marinero,
> si lo ves desde tu barca
> encamínalo a alta mar,
> que en él navega mi alma,
> que murió por navegar! . . .
> (35)

Wilcox errs here in citing Sleeping Beauty as the fairy tale to which Méndez alludes. Sleeping Beauty did not sleep in a glass coffin. Snow White did, as did the sleeping damsel in distress of the lesser-known Grimm's tale "The Glass Coffin." Yet, regardless of which specific fairy tale Méndez revises here, Wilcox's point, that the protagonist of the Méndez poem "does not need to wait for Prince Charming to awaken her from her sleep, she can navigate her self toward her personal self-realization" (112), is well taken.

15. In fact, Mendez's friend and fellow poet, Rosa Chacel, already in 1936 dedicated the following poem to Méndez, in which she mourns the loss of the fearless mermaid and implores her to return:

> Tú que fuiste sirena y golondrina,
> tú que escondiste cielos en tu alcoba,
> tú que oíste la música que roba
> su sueño al pez y la borrasca empina,
>
> Destapa el manantial de tu ardimiento
> y aunque saurios de hiel te amenazaran,
> de su diente tu seno nunca guardes.
> (*Antología* 204)

16. Altolaguirre left Méndez in 1943.

17. In poem #4 from *Canciones de mar y tierra*, in fact, the female swimmer is neck and neck with the moon.

WORKS CITED

Aub, Max. *Conversaciones con Buñuel: Seguidas de 45 entrevistas con familiares, amigos y colaboradores del cineasta aragonés*. Madrid: Aguilar, 1985. 243.

Beauvoir, Simone de. *The Second Sex.* Ed. and trans. H.M. Parshley. New York: Random House, 1989.
Bellver, Catherine. *Absence and Presence: Spanish Women Poets of the Twenties and Thirties.* Lewisburg, Pa.: Bucknell University Press, 2001.
———. "From Illusion to Disappearance: The Fate of the Female Poets of the Generation of 27." *Monographic Review/Revista Monográfica* 8 (1992): 205–26.
Ciplijauskaité, Biruté. "Escribir entre dos exilios: Las voces femeninas de la Generación del 27." In *Homenaje al Profesor Antonio Vilanova*, ed. Adolfo Sotel Vázquez and Marta Cristina Carbonell. Barcelona: Departamento de Filología Española, Universidad de Barcelona, 1989. 119–26.
Cixous, Hélène. "The Laugh of the Medusa." In *New French Feminisms*, ed. Elaine Marks and Isabelle de Courtivron. New York: Schocken, 1981. 245–64.
Dinnerstein, Dorothy. *The Mermaid and the Minotaur: Sexual Arrangements and Human Malaise.* New York: Harper and Row, 1976.
Kolbenschlag, Madonna. *Kiss Sleeping Beauty Good-Bye: Breaking the Spell of Feminine Myths and Models.* Garden City, N.Y.: Doubleday, 1979.
Lieberman, Marcia K. "'Some Day My Prince Will Come': Female Acculturation through the Fairy Tale." In *Don't Bet on the Prince: Contemporary Feminist Fairy Tales in North America and England*, ed. Jack Zipes. New York: Methuen, 1986. 186–200.
Mainer, José-Carlos. "Las escritoras del 27." In *Homenaje a María Teresa León.* Madrid: Universidad Complutense de Madrid, 1989. 13–39.
Méndez, Concha. *Antología poética.* Ed. María Dolores Arana. Mexico City: Joaquín Mortiz, 1976.
———. *Canciones de mar y tierra.* Foreword by Consuelo Berges. Buenos Aires: Talleres Gráficos Argentinos, 1930.
———. *Inquietudes: Poemas.* Foreword by José Lorenzo. Madrid: Imprenta de Juan Pueyo, 1926.
———. *Poemas: Sombras y sueños.* Mexico City: Rueca, 1944.
———. *Poemas (1926–1986).* Intro. James Valender. Madrid: Hiperión, 1995.
———. *Surtidor: Poesías.* Madrid: Argis, 1928.
———. *Vida a vida.* Foreword by Juan Ramón Jiménez. Madrid: La Tentativa Poética, 1932.
Miró, Emilio. *Antología de poetisas del 27.* Madrid: Castalia, 1999.
Ortega y Gasset, José. *La deshumanización del arte.* 1925. Madrid: Revista de Occidente, 1967.
Ostriker, Alicia Suskin. *Stealing the Language: The Emergence of Women's Poetry in America.* Boston: Beacon, 1986.
Persin, Margaret. "Moving to New Ground with Concha Méndez." *Monographic Review/Revista Monográfica* 13 (1997): 190–204.
Quance, Roberta. "Hacia una mujer nueva." In *Una mujer moderna: Concha Méndez en su mundo (1898–1986)*, ed. James Valender. Madrid: Residencia de Estudiantes, 2001. 101–13.
———. "'Hago versos, Señores...'" In *Breve historia feminista de la literatura española (en lengua castellana)*, coord. Iris M. Zavala. Vol. 5. Barcelona: Anthropos, 1998. 185–210.
Rivers, Elías L. *Poesía lírica del Siglo de Oro.* Madrid: Cátedra, 1996.
Sánchez Rodriguéz, Alfonso. "Concha Méndez y la vanguardia: Apuntes para un retrato de mujer moderna." In *Una mujer moderna: Concha Méndez en su mundo (1898–1986)*, ed. James Valender. Madrid: Residencia de Estudiantes, 2001. 115–33.
"Tritón." In *Diccionario de Autoridades.* Madrid: Real Academia Española, 1739.
Wilcox, John C. *Women Poets of Spain, 1860–1990: Toward a Gynocentric Vision.* Urbana: University of Illinois Press, 1997.

PART III

Cultural Archives of Popular Fiction, Theater, and Film

5. Romancing the Early Franco Regime

The novelas románticas *of Concha Linares-Becerra and Luisa-María Linares*

Jo Labanyi

This article complements an earlier discussion of Spanish female fascist activists who were also writers of fiction (Labanyi, "Resemanticizing"). In this case, the material studied will be the *novelas románticas* of two popular women writers of the early Franco regime, who—to my knowledge—had no political role, though it is clear from references to the Civil War in their texts that they had Nationalist sympathies. The two writers concerned—Concha Linares-Becerra and Luisa-María Linares—were related, but information on this point is contradictory. A January 1944 interview with them both in the Falangist film magazine *Primer Plano* (García Viñolas) states categorically that they were sisters, and within the interview they refer to each other as such. But the publisher's blurb facing the title page of Concha's first novel, *Por qué me case con él* (1933), gives her father as Luis Linares Becerra (1887–1931), an author of popular comedies, melodramas, zarzuelas, operettas, and "dramas líricos," while the Web site of their publisher (www.editorialjuventud.es) gives Luisa-María's father as the prolific dramatist Manuel Linares Rivas y Astray, the president of the Sociedad de Autores Españoles (1867–1938).[1] Both Luis Linares Becerra and Manuel Linares Rivas y Astray had adapted for the theatre novels that had been made into successful silent films;[2] conversely, the latter's play *La mala ley* was made into a film by Manuel Noriega in 1924 (Gómez Mesa, 150). Emeterio Díez Puertas mentions a Manuel Linares Becerra (presumably related) known for creating in the early 1920s the new theatrical genre of the "película hablada" (331). This link with cinema would be continued by both Concha and Luisa-María, as a large number of their novels would be made into successful film comedies.

The novels of both women can still be bought in Spanish bookstores and over the Internet—seventeen novels by Concha are still in print; twenty-

63

two by Luisa-María. Since their first editions, they have continued to be published by Editorial Juventud in Barcelona, which issued the older Concha's prewar fiction (she started publishing in 1933) in its *Novela Rosa* series. Other writers published in this prewar collection were Rosalía de Castro, Armando Palacio Valdés, Concha Espina, and Edith Wharton. Several of Concha's fictional works are set during the Civil War; these are no longer in print. The younger Luisa published her first novel in 1939, and her work refers to the war only occasionally; one novella set during the war, "Ojos azules," is still available in the volume *Una aventura de película* (59–87). The vast majority of their works in print have no temporal reference, allowing them to be reissued over successive decades. I have found one clear case of updating: the current edition of Luisa-María's 1940 novel *Un marido a precio fijo* includes in its closing "Manual del perfecto marido"—an ironic reference to Fray Luis de León's *La perfecta casada*, recommended to young women under the early Franco Dictatorship—a mention of cozy winter evenings watching television.[3] Current editions of the older Concha's work give only the date of the recent reissue, as if wanting to deny their age. The covers of her novels are blatantly anachronistic in their modernity. For example, the cover of the current edition of *Maridos de lujo* (dated 1988) features, between color photographs of a chauffeur with limousine and the Alhambra, one of a smart young woman with a fashionable short haircut that might be featured on the cover of a recent issue of *Elle* magazine. The cover of the current edition of *La novia de la Costa Azul* (dated 1986) contains a bizarre collage of color photographs of an elegant couple in evening wear, a yachting marina, and a fragment from a Spanish newspaper article on The Rolling Stones, including a picture of Mick Jagger in pink trousers and sleeveless T-shirt—even though the novel was published in 1943 and there is no equivalent of a rock concert anywhere in the novel. The romances of the younger Luisa mostly have anodyne modern female faces on their covers but, curiously, are issued with the original date of publication preceding the date of the current edition.

Both writers—especially Luisa-María[4]—were spectacularly successful in selling the film rights to their novels. Ángel Luis Hueso's catalogue of Spanish films for 1941–50 lists only one adaptation of Concha's fiction: *Una chica de opereta*, filmed by Quadreny in 1943 from her novel *Opereta* of the same year. The previously mentioned 1944 article in *Primer Plano* (García Viñolas) states that the rights had been sold for three more—*Por qué me case con él* (1933), *La novia de la Costa Azul* (1943), and *Vendrá por el mar* (1943)—with two more—*Sanatorio de amor* (1945) and *Maridos de coral* (1941)—under discussion. A prewar novel, *Diez días millonaria* (1934), was filmed by José Buchs in its year of publication (Gasca, 165). The same 1944 *Primer Plano* article tells us that all of Luisa-María's novels to date have been or are about to be adapted for the screen:[5] *En poder de Barba Azul* (1939, adapted by José Buchs in 1940 and also filmed in Italy); *Escuela para nuevos ricos* (1939); *Un marido a precio fijo* (1940, adapted by Delgrás in 1942); *Mi enemigo y yo* (1940, adapted by Quadreny in 1943); *Doce lunas de miel* (1941, adapted by Vajda in 1943), *La vida empieza a medianoche* (1943, adapted by Orduña in 1944); *Tuvo la culpa Adán* (1944, also adapted by Orduña in 1944); and *Napoleón llega en el Clipper* (adapted by Delgrás in 1945 with the new title *El viajero llegó el en Clipper,* also known as *El misterioso viajero del Clipper*). Gómez Mesa adds to the list *Detective con faldas* (adapted by Núñez in 1941) and *Mi novio del emperador* (1943, adapted by Vajda in 1944 with the title *Te quiero para mi*).[6] The 1944 *Primer Plano* article tells us that she is currently writing the film script for *Ella y él al cincuenta por ciento* (filmed by Delgrás in 1944, also known as *Ni tuyo ni mío*), and that Delgrás is signed up to film her novella "Una aventura de película" (1943). A French Web site still selling translations of her work (www.livrenpoche.com) says that around twenty films were made of her novels, in Spain, Italy, and Mexico, as well as three theatrical and several television adaptations. Galerstein (178) states that her novels, in addition to being translated into French, German, Italian, Portuguese, Swedish, Dutch, and Finnish, have been adapted for television in France and Argentina as well as Spain. We may note that two 1944 film versions of her novels, *La vida empieza a medianoche* and *Tuvo la culpa Adán*, were made by the period's top director, Juan de Orduña, reminding us that his output does not consist only in the patriotic epics with which he is associated but additionally includes a significant number of lighthearted romantic comedies. For this is *literatura lite:* I do not wish to claim otherwise, though I will note some features shared with high-cultural texts. I am interested in examining these novels as a cultural phenomenon. If so many of them still sell today, and if they were so successful in attracting film adaptations (particularly the work of Luisa-María), I think we ought to consider what their appeal might be.

Like all romance fiction written for a publisher specializing in the genre, these novels are written to a formula. Here we may bear in mind Homi Bhabha's observation, made in a totally different context, that stereotypes are a way of managing contradiction. Tania Modleski and Janice Radway have written persuasively about romance fiction as a coping mechanism, allowing women readers to deal with dissatisfaction resulting from their disadvantaged life situations, though not providing a way of solving the problem. I shall not suggest that the romances studied here contain a feminist subtext, for they ritually end with the heroine's capitulation to the hero's embrace, resulting in the loss of her previous independence. But I am interested in looking at the plot twists that occur along the road to love, since there are some fairly extraordinary things going on—and the end *is* seen as a capitulation.

Particularly intriguing are the ways these romances deal with women's relation to modernity. This is where the link with cinema becomes relevant, for in the 1930s and 1940s, cinema represented the most modern art form. In the previously mentioned 1944 *Primer Plano* interview, Luisa-María stated that her novels have a cinematographic quality not because she writes them with film adaptation in mind, but because "somos de la generación actual, es decir, [. . .] la generación del cine" (García Viñolas). In a 1 June 1944 feature in the popular film magazine *Cámara* ("Los espectadores opinan"), Concha was one of seven people invited to reply to a questionnaire on their tastes in cinema (36). Her reply demonstrates this same association of cinema with the modern and with movement: "La conceptúo una de mis mayores aficiones. Porque plasma los gustos y aspiraciones de la generación a que pertenezco. Hay movimiento, variedad, amplitud de horizonte [. . .]." She names the romantic actor Charles Boyer as her favorite star, and Franz [sic] Capra as her favorite director because his style is "ágil" and "dinámico." The stress on modernity remains as strong in those novels published by both of them after the Civil War as in those by Concha published under the Republic. In the collaborative project "An Oral History of Cinema-Going in 1940s and 50s Spain," which I direct,[7] we have found that cinema provided a cultural continuity between the prewar and postwar periods, giving it a key role at a time when people had suffered so much dislocation. I would extend this perception to popular culture in general. Given that so many people's love lives had been broken by the war, the continuity represented by the romance fiction genre is likely to have been especially important. This is something that Luisa-María was in a position to understand since she started to write to earn a living for herself and her two infant daughters at the age of 21, when her Nationalist navy officer husband was killed in the Civil War three years after she married him at the age of 18 (www.editorialjuventud.es). I have chosen to discuss five books by Concha published between 1933 and 1943, and five by Luisa-María published between 1939 and 1943, since I want to show how the continuities of popular culture cut across historical periodization.

I would support the historian Michael Richards' insistence (7–8) that the Franco dictatorship should be seen as a period of conservative modernity, breaking with the Republic by rejecting a certain kind of modernity rather than breaking with modernity as such. The key motifs in Falangist propaganda were, after all, youth, dawn, and spring. The modern quality of both Concha's and Luisa-María's romances is stressed on the jacket blurbs as well as in the text. Many of their novels start with the young orphaned protagonist, who has made herself independent through work, arriving in the capital—the modernity of which is signaled by the movie theatres—seeking upward mobility and, above all, excitement. This is ritually described as an escape from provincial "vulgarity" to the "distinction" represented by life in the modern city. This "distinction" is conceived in terms of fashion: several heroines have friends who have become successful fashion designers. As in cinema, speed is a constant motif. The jacket blurb for Luisa-María's *La vida empieza a medianoche* (1943) highlights its "ritmo moderno" with a vertiginous succession of "intensas y singulares aventuras" happening "en espacio de breves horas." The chapter headings are "Nueve de la noche," "Nueve y veinte de la noche," "Nueve y media de la noche" through to "Cuatro menos diez de la madrugada." Cars (including the stock film motif of the car chase, sometimes with a female driver) figure prominently in these novels, as do train and plane journeys, plus the more leisurely, high-class travel afforded by transatlantic liner and yacht. Grand hotels—as places of transit and impermanence—are also (as in the movies) favorite locations. These are heroines on the move, crossing national frontiers and oceans as the normal stuff of life—contrasting with the difficulty of leaving the country under the early Franco dictatorship. Being on the move geographically represents social mobility in terms of career advancement: almost all the heroines are successful professionals (ranging from journalist to film star). The heroine of Concha's *Maridos de lujo* (originally published in 1941 with the title *Maridos de Coral* and reissued in 1951 under the new title, which is that of the film within the novel) is an international figure-skating and ski-jumping champion, explicitly embodying speed and risk. The novel starts with her recovering from a sporting accident; by the end she has not only regained her sporting fame but additionally become a film star. In their overall tone, all of these novels put into practice Ortega y Gasset's identification of the modern with the sportive (63–64).

Two extraordinary texts by the older Concha—both of which have Falangist resonances—have female air pilots as protagonists. *La conquista del hombre* (1936) figures the poor orphan Alicia Gor, a pilot hired by a high-class Madrid beauty salon to scatter publicity leaflets over the city. Alicia has a poor childhood sweetheart but is corrupted when the daughter of the beauty salon's White Russian owner, the spoiled heiress Tatiana, pays her to go to Paris to seduce the tedious fiancé her mother wants her to marry. Alicia ends up marrying the Mexican adventurer from whom Tatiana's mother was divorced, and they go off to Hong Kong where they live off the opium trade. Alicia returns to Paris (her husband having been murdered by the Chinese gangster who was pursuing her), where she makes money as a stunt pilot, loses it gambling at the horse races, and takes off in her plane to fly away from her failure—she was previously described as an angel with "alas de hierro" (34). The novel ends with Tatiana, now married to the boring fiancé and pregnant, reading in the paper that Alicia has crashed having sought a "bella muerte" in the skies, "luciendo al sol de primavera" (108). Alicia is a female Icarus, punished for her pride; but the married, pregnant Tatiana's admiration for her spectacular death creates an intense ambivalence.

The phrase "luciendo al sol de primavera" associated with Alicia's self-inflicted death explicitly echoes the line "volverá a reir la primavera" from the Spanish fascist anthem *Cara al sol*. The same line is echoed by the title of Concha's 1939 volume *Mientras llega la primavera*. In its closing novella, "La patrulla del arco iris" (85–96), we have another female air pilot, Vic—not a man, as we originally suppose, but the name by which the risk-loving María Victoria is known. Her ambition to fly seems to be a substitution process whereby she takes on the destiny of the brother who died at birth, together with her mother—it having been assumed that the only male child in the family would automatically continue the military prowess of the father, blinded when serving as a pilot in the German airforce during World War I. María Victoria finds herself increasingly attracted to the equally risk-loving Republican pilot Carlos, who is engaged to her domestic sister Isabel. When the Civil War breaks out, Carlos supports the Nationalist uprising, but it emerges that, in addition to betraying Isabel with Vic, he is a Republican spy preparing to fly Nationalist war plans out to the Republican command. On discovering this, Vic—who had agreed to elope with him—takes off in her plane and crashes it into his, in a kamikaze attack that foils Carlos's treachery. It seems that women air pilots are doomed to a self-inflicted, spectacular death—but in this story Victoria becomes a war hero (hence her name). The long-suffering, domestic Isabel is presented as noble but obviously incapable of arousing the passion of a dashing—if treacherous—hero like Carlos.

We may note that long-suffering, domestic females in these novels never get the romantic hero. The heroines who get their man are always independent women: a large number are orphans who have made their way in the world through their own efforts, comprising unusual female examples of the autonomous self-made individual.[8] They routinely claim not to be interested in men—putting career or pride first, for not all the heroines are sympathetic—and end up falling in love *despite themselves*. The repetition of this formula deserves some thought, for these novels are not simply advocating domesticity. As Carolyn Galerstein notes with respect to Luisa-María's novels (Concha is not listed in her *Women Writers of Spain*), they frequently feature a taming-of-the-shrew format (178). Within this format, the language of war—siege, defense, conquest—is frequently deployed. These novels are explicitly aimed at a female public, so what is the attraction for female readers of seeing these competent heroines capitulate, despite themselves, to the hero's attentions? Different readers are likely to have responded differently, but generally the reader seems to be invited to have it both ways: to identify with the modern, independent woman while simultaneously identifying with the woman who puts domesticity above all else. Through being encouraged to identify with these heroines who choose to give up career and often fame for love, female readers are also invited to indulge in the contradictory fantasy that they are in control of their "destiny" (another much-used word). At a more basic level, this formula of the heroine capitulating after a prolonged pursuit offers female readers the gratifying spectacle of dashing heroes on their knees before women who have the power to grant or deny them happiness.

Janice Radway, in her fieldwork with female readers of romance fiction, notes that the appeal of the heroes to whom the romantic heroines finally capitulate is that they represent masculine authority softened by emotion (81–85). Their role is that of protective guardian, offering the nurturing that many female readers, trained to nurture others, do not receive themselves. In this sense, the hero is not so much a father figure but a kind of male mother. This is extremely evident in the endings of the romances discussed here. It constructs a significant variant on the Freudian oedipal scenario, for the hero replaces not the heroine's lost father but her lost mother. As a result—as Radway notes (81–85)—the heroine is not obliged to obey the oedipal injunction to separate definitively from the feminine (represented by the mother), but, after a period of separation, rediscovers the feminine in the male lover. This also means that the feminine is not devalued, as in the classic oedipal scenario, first because it is lost through the mother's death and not through the heroine's choice to separate from her, and second, because it reappears in the form of the strong, protective hero who lends feminine nurturing qualities his authority (the words most used to describe these androgynous romantic heroes are *firmeza* and *energía*). If the heroines end up with maternal, caring men, there is a sense in which they too are allowed to keep a limited androgyny—though this will now be confined to the private sphere since in almost all cases these nurturing heroes expect their women to give up work when they marry. An exception is Concha's *La novia de la Costa Azul*, whose end supposes that its journalist-heroine, Regina, will go on writing. The nurturing hero of this novel, Miguel, is an interesting mix of the man of action (he wins Regina's love at the masked ball dressed as the bandit protagonist of the film *The Mark of Zorro*) and the carer (he turns out not to be a compulsive gambler, as everyone had thought, but a brilliant doctor who has put about the rumor that he spends his days at the casino so as not to upset his aristocratic mother who thinks that work is shameful). We should remember that this model of marriage, in which the heroine will, for the first time in her life, be looked after rather than having to struggle for survival, is an affluent bourgeois model in which servants will do all the housework and the heroine will be rewarded with a leisure she has never known. The feminist equation of women's emancipation with their right to enter employment on the same terms as men sometimes forgets that, for many working women (this was certainly true in the *años de hambre* of the early 1940s), work was not a choice but a necessity, and that the idea of becoming a lady of leisure could be a highly attractive one.

I hope to have shown that both heroine and hero have split personalities—the heroine simultaneously wanting independence and protection, the hero (whom we can see as a projection of the heroine's desires) simultaneously representing strength and nurture. There is a similar splitting at the level of narrative. Most of the romances by Concha discussed in this essay are narrated by the heroine in the first person but frequently slip into third-person narration referring to the heroine by her name. The protagonist-narrator thus splits herself into a *yo* and an *ella*. Modleski notes that, although Harlequin romances are required to be written to formula in the third person, nevertheless this is a personalized third person such that the reader internalizes it as an "I" (55–56); Luisa-María's romances adopt this format. The slippage between first- and third-person narration found in Concha's romances produces a more radical destabilization. When avant-garde writers like Diamela Eltit exploit a similar slippage between the first and third person, it is hailed by feminist critics as a strategy for subverting the notion of a stable, unified female "essence."[9] Should we assume that, when this strategy occurs in a popular genre like romance fiction, it is doing something less interesting?

Diane Elam, in her book *Romancing the Postmodern*, argues that the romance genre has many features in common with postmodern fiction, in their shared rejection of realism: that is, their rejection of causal logic for plotlines driven by chance, coincidence, and spatial and temporal dislocation. The romances of the two Spanish women writers studied here are not failed realist texts but are governed by laws quite other than those of causality—more akin to the Byzantine novel. The travel between countries that occurs in many of them is a mark not only of cosmopolitanism but also of dislocation: the locations covered by the ten volumes discussed here are Spain, USA, England, France, Monaco, Italy, Germany, Switzerland, Hungary, a fictitious Sylvania, Kenya, and Hong Kong, with characters additionally from Ireland, Austria, Russia, Cuba, Mexico, and Japan if we count the dog that narrates Concha's 1939 novella "Memorias de una 'gheisha'" (*Mientras llega la primavera*, 72–84).

As Elam notes, postmodern culture is also characterized by its frequent pastiche of popular forms, which in turn produces an intense self-reflexivity. There is a sense in which the romances of Concha Linares-Becerra and Luisa-María Linares, with their self-conscious reworking of formulae, become a pastiche of themselves: characters and events are frequently described as "novelescos." They also offer a pastiche of popular film comedy, with its farcical situations dependent on mistaken identities: the writers appear to be anticipating the conversion of their plots into films with characters frequently exclaiming "Parece de película." Both writers liberally pepper their texts with quotes from "great writers," from Aristotle to Nietzsche. Several characters are writers. The considerable number of female journalist heroines function as investigators, overlapping with the thriller genre. The heroine of Concha's *La novia de la Costa Azul*, Regina, is a top journalist for a gossip magazine who, because of her investigative skills, gets hired—disguising herself as a maid—by a Cuban millionaire as a "private eye" to investigate thefts taking place in his Gothic villa on the Côte d'Azur. It turns out that the millionaire, an unhinged detective-fiction fan, is in fact setting up the crimes himself, basing them on his latest reading (we may note that with this plot device Linares-Becerra is imitating the *Quijote*, thrillers having replaced novels of chivalry as the staple popular fictional diet of the era). Regina's investigation of these fake crimes becomes supplanted by her investigation of the millionaire's grandson, Miguel, with whom she falls in love while suspecting him to be the criminal (as previously mentioned, he turns out to be a successful doctor devoted to his caring profession). The novel ends with Regina announcing that she will write a novel about the experience, which has the title of the novel we are reading. The screen kiss with which the novel ends—true to genre—is Miguel's answer to her question to him about how to end her future novel. Such overt metafictional touches are a trademark of Concha Linares-Becerra. Her romance *Maridos de lujo* ends with the cast list for a film of the same title, which the female protagonist is billed to star in, but which—in a Borgesian twist—she discovers she has been acting out for the greater part of the novel while thinking she was responsible for the script of her impersonations. Concha's 1939 novella "Como las estrellas" (*Mientras llega la primavera*, 15–30) concerns the romance between the German manager of a timber factory in the Black Forest and a film set designer looking for a scenario for her next film: she will of course find it in the events that she lives through in the forest. Although Luisa-María's novels do not play these metafictional games, their narratives constantly point to their own ficticity: as, for example, in the title of the previously-mentioned 1943 novella "Una aventura de película," used as the title of the 1943 collective volume in which it appears. We should not assume, as is so often done, that self-reflexivity is the mark of quality literature. Popular culture, with its love of double entendre, pastiche, and impersonation, has self-reflexivity built into its system.

It is in their reliance on impersonation as a plot device that these romances most approximate postmodern fiction. I have already mentioned the impersonations by both heroine and hero of Concha's *La novia de la Costa Azul*. In the same author's *Maridos de lujo*, the heroine, Coral, a sports champion, agrees to impersonate the Mexican adventuress who has married by proxy one of the three aristocratic brothers Juan (since they have the same name and she has never met them, she does not know which one) who run the film studios where both women want to get a part. The proxy marriage has been arranged so that the adventuress can acquire the family title, and so that the brothers can save their film studios from financial ruin by acquiring part of her fortune. Coral will discover that the story of the proxy marriage is itself a fake, contrived in connivance with the three brothers so as to test Coral's acting talents for the starring role in the film that turns out to be the novel we are reading. The ultimate plot twist is that Coral and the brother to whom she thinks she is married (in her faked role) really fall in love and marry. A similar plot line, based on a proliferation of assumed identities, structures Concha's first novel, *Por qué me casé con él*, published in 1933 under the Republic. Its urban heroine, Marián (note the cosmopolitan name), is a modern, emancipated young woman who drives her own car but whose life suffers a radical break at the start of the novel when her aristocratic father dies (she had never known her mother) and it is revealed that she was adopted from an orphanage. Although legally entitled to her adoptive father's inheritance, she refuses it out of pride, whereupon her wealthy *novio* and her father's sister—who inherits the title and fortune in her place—drop her (the aunt spreads rumours that she is "un poco bolchevique" [78]). Desperate after a succession of jobs in which she is sexually harassed by her boss, she answers an advertisement from an English lord looking for a wife for reasons he cannot declare. Initially ashamed, she marries him on condition that it remain a marriage of convenience (they both comment repeatedly that lots of people do it). He whisks her off to his Tudor mansion, inhabited by a suitably Gothic cast of relatives, where it finally emerges that his Spanish mother (appropriately called Carmen), repudiated by his jealous father, is not dead but is the "madrina" to whom he had introduced Marián in Madrid. Carmen is finally reconciled to her husband, and Marián and Lord Fourbridges admit they have fallen in love (Marián's aunt conveniently dies at this point, leaving Marián the title and inheritance she had "usurped" from her). In a crowning plot twist, Lord Fourbridges reveals that he did not place the lonely hearts advertisement, which printed his telephone number in error, but was so taken by Marián's voice on the phone when she responded—it reminded him of his mother—that he went along with the mistake. In this case, true love blossoms from a printing error.

A similar plot twist, whereby a fake marriage becomes real, structures four of the five romances by Luisa-María studied here. The exception—her first novel, *En poder de Barba Azul* (1939)—is equally dependent on impersonation. A New York heiress, Myriam, runs away on the eve of her loveless wedding to an ageing tycoon, stowing away in a ship that she thinks is bound for Argentina where she plans to join her Argentine grandmother. It turns out to be the ship of a Spanish count returning to Europe; he has banned women from his presence, having been jilted by a French ballerina with a fake Polish name (more impersonation). On discovering Myriam aboard, he orders her to don cabin-boy uniform; there are some wonderful double entendres as they find themselves falling for each other. The novel ends with them setting sail back to New York together, with Myriam, having stowed away again, now taking the role of "capitana." Moving to the other four novels: in *Un marido a precio fijo* (1940), the spoilt heiress heroine Estrella, having been tricked into marriage by an Austrian con-man and serial bigamist who absconds after getting money out of her, persuades a journalist (who has hidden in her railway carriage in the hope of getting a news scoop) to pretend to be her new husband, to avoid losing face since she has already announced her marriage to her adoptive millionaire father back in Paris. The journalist in turn pretends that he entered her carriage as a thief, so as not to blow his cover. The condition of the fake marriage (following a fraudulent marriage) is that the journalist will not touch her. The intrigue climaxes with the journalist—a former Nationalist pilot in the Civil War—flying her off to a snowbound log cabin in the Pyrenees where he teaches her the art of home-making to punish her arrogance. In the process, they both discover that they have, against their will, fallen in love. They separate, to discover that her adoptive millionaire father has died and left his fortune to the journalist, thinking he is her husband and will administer the money for her. The journalist persuades Estrella to marry him in a marriage of convenience (after annulling the previous fraudulent marriage) as the only way of enabling her to enjoy the inheritance destined for her. After the church ceremony, they part—but both are now hopelessly in love, and the novel ends with her coming to find him in Madrid to turn their marriage of convenience into a "matrimonio de verdad."

A similar scenario occurs in the 1941 *Doce lunas de miel,* as the "wannabe"-film-star, orphaned heroine and the unrecognized-inventor hero literally bump into each other trying to get through the swinging doors of Madrid's Hotel Palace for important career interviews. Both interviews being unsuccessful, they overhear that elsewhere in the hotel a widowed benefactress is interviewing candidates for twelve dowries which she is offering to deserving couples who cannot afford to get married (it is impossible not to read this as a hilarious spoof of the pious charitable activities encouraged in the early Franco period). They decide to pretend that they are *novios,* and tell such a heartrending story that they are chosen as one of the twelve winning couples. They go through with the required marriage so that they can claim the money, and then part, splitting the proceeds. Five years later, Julieta has become a famous film star in Italy, while Jaime has had no luck. By coincidence Jaime ends up getting a job as butler at the villa Julieta is renting back in Spain for the summer. This reverses gender roles, with her giving the orders and him cast in the role of nurturer who provides for her needs. The novel ends, again, with them falling in love and—Jaime's invention having conveniently found recognition at long last—Julieta giving up her film career to be wife to the man she had previously married for money. The 1943 novella "Una aventura de película" brings together by chance a desperate orphan heroine Celia, who has lost yet another job after being harassed sexually by her boss (a recurring situation in several novels by both writers), and the also recently sacked Enrique. He takes her to a nearby Exposición del Hogar Perfecto, where they buy the winning lottery ticket for an ideal modern home. To claim the prize, they pretend to be man and wife. Once installed, they agree to live in the chalet in alternate weeks, to maintain decorum. After the usual twists and turns, they recognize that they love each other and—Enrique having got his job back—their feigned marraige becomes a true marriage. (These romances are quite hard-nosed about the need for the hero to acquire money before the heroine will agree to marry him.) The plot of *La vida empieza a medianoche* (1943) is even more bizarre. The orphaned journalist heroine Silvia arrives in Madrid to stay at the apartment of her former school friend—who had made her way in the world, becoming a successful fashion-designer—only to discover that the friend has to leave that same night. An old man, his handsome grandson, and a young boy enter the apartment claiming to be her grandfather, husband, and son, respectively. It emerges that the grandson—a famous composer of dance-band music who, as a child, was taken in by the old man as his adoptive grandson—wants to spare the old man, half blind and deaf, from knowing that his married real grandson has died in an accident, and so is impersonating him, having hired a fake son and wife. The role of wife was to have been played by the fashion designer's flat-mate, who has failed to get there on time. Sylvia, moved by the story, agrees to act out the part. After a night packed with complicated events involving a famous woman novelist whose novels turn out to be forgeries (more fakes), Sylvia and the composer fall in love and, once again, the faked marriage becomes real.

One has to ask what is going on with these repeated scenarios of fraudulent marriages that become "the real thing." The frivolous treatment of marriage is extraordinary given the moral puritanism of the early Franco regime (there is a complete lack in all these romances of any mention of religion). It is possible to read this plot structure in two directions: as saying that love is so real that it can emerge even from the fake; or as suggesting that the ontological status of love is fraudulent. Either way, we have a postmodern notion of identity—particularly gender identity—as performance, with the characters getting so engrossed in the impersonation that it becomes the real.

What, then, might these novels tell us about the periods in which they were written (the Republic in the case of Concha's early novels; the early Franco dictatorship in the case of Concha's later work and Luisa's entire output)? First and foremost, that there is no necessary correlation, at the level of content, between culture and political context. I would, however, argue that at a structural level these novels do tell us something about these two periods which, despite their vast differences, have in common the fact that they were characterized by political and personal upheaval. The temporal and especially spatial dislocations in these novels, their reliance on chance and coincidence, and their collapsing of the distinction between impersonation and the real, speak to us of a popular imaginary that has to process events that it cannot control or explain, and that has a keen sense of the importance of dissimulation as a strategy for survival.

Dissimulation has always been a female tactic: a classic example of what Certeau, distinguishing tactics from strategy, has called "the art of the weak" (37). But it takes on a particular importance in times of political tension and repression. In the earlier essay on Spanish female fascist activists mentioned at the start of this essay, I argued that the stress on dissimulation in texts authored by such women can be read as a perverse strategy for exercising agency while appearing to be stereotypically feminine (Labanyi, "Resemanticizing"). Given the evident Nationalist sympathies of the authors of the romances discussed here, we can assume—despite the lack of information about their readership—that they will have been popular with women of the right who, during the Republic or when living in areas under Republican control during the Civil War, would have felt a greater or lesser need to dissimulate. The success of both authors in securing film adaptations of their novels suggests that they held an appeal also for popular audiences, for in the 1930s and 1940s the lower classes formed the bulk of the cinema-going public. For female readers of a left-wing political persuasion—here we should remember that political affiliation during the Civil War, although largely class-based, could cut across class lines—dissimulation would have become a daily tactic after Nationalist victory. Both categories of female readers would have understood the emphasis on impersonation in these novels. Perhaps we should view these romances not just as coping mechanisms—as Radway and Modleski concluded from their studies of English-language romantic fiction—but as training manuals for women, teaching them to survive in a hostile environment.

NOTES

1. The difficulty of verifying biographical information about these two writers illustrates the omission from biographical dictionaries and literary histories of popular writers—a problem compounded when the writers are women.

2. According to the *Encyclopedia Espasa-Calpe*, Luis Linares Becerra adapted Blasco Ibáñez's *Los cuatro jinetes del apocalipsis*, filmed in 1921 by Rex Ingram as *The Four Horsemen of the Apocalypse;* and Manuel Linares Rivas y Astray adapted Pérez Lugín's *La casa de la Troya*, made into a successful film in 1924 by the author with Manuel Noriega (recently restored by Filmoteca Española).

3. Spanish television started broadcasting in 1956.

4. An advertisement for Luisa-María's novels placed in *ABC* on June 2, 1944 bills her as "La escritora más 'cinematográfica' de España."

5. Where details of the director and date of the film are given, they are taken from Hueso or Gómez Mesa.

6. I have been unable to trace the date of her novels *Napoleón llega en el Clipper* and *Detective con faldas*.

7. Co-researchers for the project, funded by the Arts and Humanities Research Board of the UK, are Kathleen Vernon, Susan Martin-Márquez, Eva Woods, Vicente Sánchez Biosca, Steven Marsh, and María José Millán.
8. In this sense, these heroines are female versions of the orphaned/foundling heroes of early nineteenth-century Romantic drama.
9. See, for example, Labanyi, "Topologies."

WORKS CITED

Bhabha, Homi. "The Other Question: Stereotype, Discrimination and the Discourse of Colonialism." In *The Location of Culture*. London: Routledge, 1994. 66–84.
Certeau, Michel de. *The Practice of Everyday Life*. Berkeley: University of California Press, 1988.
Díez Puertas, Emeterio. *Historia social del cine en España*. Madrid: Fundamentos, 2003.
Elam, Diane. *Romancing the Postmodern*. London: Routledge, 1992.
Galerstein, Carolyn L., ed. *Women Writers of Spain: An Annotated Bio-Bibliographical Guide*. New York: Greenwood, 1986.
García Viñolas, Pío. "Concha Linares Becerra y Luisa María Linares han llegado al cine a través de sus novelas." *Primer Plano* 172 (January 30, 1944): 17.
Gasca, Luis. *Un siglo de cine español*. Barcelona: Planeta, 1998.
Gómez Mesa, Luis. *La literatura española en el cine nacional*. Madrid: Filmoteca Nacional de España, 1978.
Hueso, Ángel Luis. *Catálogo del cine español: Películas de ficción 1941–1950*, vol. F-4. Madrid: Cátedra/Filmoteca Española, 1998.
Labanyi, Jo. "Resemanticizing Feminine Surrender: Cross-Gender Identifications in the Writings of Spanish Female Fascist Activists." In *Women's Narrative and Film in Twentieth-Century Spain*, ed. Ofelia Ferrán and Kathleen M. Glenn. New York: Routledge, 2002.
———. "Topologies of Catastrophe: Horror and Abjection in Diamela Eltit's *Vaca sagrada*." In *Latin American Women's Writing: Feminist Readings in Theory and Crisis*, ed. Anny Brooksbank Jones and Catherine Davies. Oxford: Clarendon Press, 1996. 85–103.
Linares, Luisa-María. *Una aventura de película*. 1943. 7th ed. Barcelona: Juventud, 1986.
———. *Doce lunas de miel*. 1941. 12th ed. Barcelona: Juventud, 1990.
———. *En poder de Barba Azul*. 1939. 7th ed. Barcelona: Juventud, 1961.
———. *Un marido a precio fijo*. 1940. 11th ed. Barcelona: Juventud, 1990.
———. *La vida empieza a medianoche*. 1943. 7th ed. Barcelona: Juventud, 1983.
Linares-Becerra, Concha. *La conquista del hombre*. La Novela Rosa 310. Barcelona: Juventud, 1936.
———. *Maridos de lujo*. 1951. Barcelona: Juventud, 1988. Originally published as *Maridos de Coral*. Barcelona: Juventud, 1941
———. *Mientras llega la primavera*. La Novela Rosa, Nueva Época, Año de la Victoria. Barcelona: Juventud, 1939.
———. *La novia de la Costa Azul*. 1943. Barcelona: Juventud, 1986.
———. *Por qué me casé con él*. La Novela Rosa 228. Barcelona: Juventud, 1933.
"Los espectadores opinan." *Cámara* 34 (June 1, 1944): 36.
"Luisa María Linares. La escritora más 'cinematográfica' de España." Advertisement for Editorial Juventud. *ABC* (June 2, 1944): 10.

Martínez Montalbán, José Luis. *La novela semanal cinematográfica.* Madrid: CSIC, 2000.
Modleski, Tania. *Loving with a Vengeance: Mass-Produced Fantasies for Women.* New York: Routledge, 1990.
Ortega y Gasset, José. *La deshumanización del arte.* 10th ed. Madrid: Revista de Occidente, 1970.
Radway, Janice. *Reading the Romance: Women, Patriarchy, and Popular Literature.* Chapel Hill: University of North Carolina Press, 1991.
Richards, Michael. *Un tiempo de silencio: La guerra civil y la cultura de la represión en la España de Franco, 1936–1945.* Barcelona: Crítica, 1999.

6. Desde la pared de vidrio hasta la otra orilla

El exilio de María Martínez Sierra

Alda Blanco

El exilio ha ocupado un importante espacio en el imaginario poético desde los estoicos, pero sólo desde hace unos quince o veinte años se ha reconocido como uno de los grandes fenómenos sociales y demográficos del siglo XX, resultado de las muchas guerras que han sistemáticamente desplazado a millones de seres humanos, y para Edward Said, que sufrió el destierro en carne propia hasta su muerte hace no mucho tiempo, el exilio es "strangely compelling to think about but terrible to experience" en cuanto que supone "the unhealable rift forced between a human being and a native place, between the self and its true home: its essential sadness can never be surmounted" (173). Palabras que pueden aplicarse perfectamente al exilio republicano de 1939 que hasta hace poco ha ocupado casi exclusivamente la memoria de los refugiados que salieron de España al finalizar la guerra.

En tiempos recientes y en lo que alguno ha llamado "el combate contra el olvido" (Martín Casas y Urquijo, 9), un puñado de investigadores e instituciones político-culturales españolas se han propuesto rescatar este exilio del olvido para así preservar la memoria cultural de lo que se ha llamado "la España peregrina" que durante tantos años había sido silenciada. Esta importante labor que se está llevando a cabo en España incluye la publicación de "La Biblioteca del Exilio" por el grupo GEXEL, la reciente exposición en Madrid escuetamente titulada "Exilio"[1], y la creación de varias organizaciones dedicadas a la preservación de la historia del exilio entre las cuales sobresalen el Foro de la Memoria, la Asociación para la Reconstrucción de la Memoria Histórica (ARMR) y la Asociación para el Estudio de los Exiliados y Migraciones Ibéricas (AEMIC) en cuyas páginas web se encuentra valiosa información, fotos, y enlaces con fuentes de documentación. De ahí que repasando los esfuerzos individuales e institucionales por mantener viva la memoria de este exilio, el filósofo Adolfo Sánchez Vázquez, refugiado en

México, subraye que la importancia de este trabajo es que finalmente "España... recupera una parte de sí misma" (251).

Sin embargo y a pesar de estos esfuerzos histórico-culturales, resuenan todavía para mí las palabras de Said anteriormente citadas en las que quiere subrayar la diferencia entre lo que supone pensar acerca del exilio y vivir "la terrible experiencia" del destierro. La experiencia o vivencia del exilio republicano se ha registrado en testimonios orales, libros de memorias y autobiografías, y, por supuesto, en una abundante producción literaria. Un rasgo común de estos textos es que la inmediatez de esta vivencia ha sido filtrada a través de la memoria, que según María Zambrano es el único recurso del desterrado. Pero, como nos recuerda Tzvetan Todorov "uno de los aspectos constitutivos de la memoria humana es olvidar" (127). De ahí que si bien las elaboraciones literarias y los testimonios orales del exilio son textos indispensables de la memoria cultural, en este ensayo quisiera intentar aproximarme a la experiencia del refugiado/a, vivida en su inmediatez y cotidianidad para hacer un tipo de trabajo de memoria (memory work) que apenas se hace en relación a la diáspora republicana. Quizá sea esto así porque dada la problemática literario-filosófica del exilio la vida cotidiana del desterrado/a resulte ser chata o falta de interés en tanto que gira entorno, por ejemplo, a la incertidumbre económica, la búsqueda de trabajo y otros problemas de esta índole.

Nuestra autora, María Martínez Sierra parece ser que va encontrando su lugar en la historia literaria y política española, no tanto por haber producido un gran número de obras literarias y ensayos, ni por haber sido una destacada feminista en el primer tercio del siglo XX, así como diputada socialista en las Cortes de 1933, sino por su curiosa —y para mí explicable[2]— decisión de adoptar el nombre de su marido, Gregorio Martínez Sierra, como pseudónimo para su obra, argumentando hasta su muerte que los libros que aparecen con la firma "Gregorio Martínez Sierra" habían sido el producto de una colaboración entre ellos. Pero si bien a partir de ahí poco a poco su labor literaria y política, bien sea como feminista o como socialista, ha empezado también a investigarse y escribirse, aun queda por explorar y reconstruir su largo exilio, que duró hasta 1974, fecha de su muerte rayando los 100 años.[3]

De hecho, rara vez se incluye a quien fue una importante dramaturga y ensayista feminista y socialista en la historia de los y las intelectuales refugiados/refugiadas de la guerra. Pero no voy a tratar aquí centralmente de su libro autobiográfico *Gregorio y yo*, escrito en el exilio y terminado en Buenos Aires ya cerca del final de su vida, sino de las cartas que escribió a su amiga y discípula María Lacrampe desde Francia y América. A diferencia de la elaboración literaria del exilio que encontramos en *Gregorio y yo*, en estas cartas podemos entrever la cotidianidad de su vida de refugiada a la vez que seguir las emociones, las ansiedades y las encrucijadas vivenciales y literarias de su largo exilio que, como en tantos otros casos, dieron forma a una vida que, a partir de 1939, quedó truncada, fragmentada. Cartas como privadas huellas materiales de una historia exílica que podríamos añadir a las de los escritores que ya de sobra conocemos: Alberti, María Teresa León, Max Aub. Historia que, de hecho, se acopla no solo a la general problemática de los intelectuales del exilio, sino a la de todos los exiliados republicanos y que, por lo tanto, nos permite incorporar su figura a la historia de la España peregrina.

El exilio Republicano de 1939 trae consigo, entre otras muchas cosas—reales y metafóricas—, los encuentros y desencuentros de vidas e historias de aquellas mujeres, hombres y niños que se vieron forzados a abandonar su hogar y tierra para poder sobrevivir después de haber perdido una guerra. Vencidos, salieron de España como refugiados políticos, desterrados no sólo de un país sino, también, de un proyecto político y cultural, el de la España republicana. Como bien sabemos un gran número de los intelectuales, escritores y políticos republicanos—después de pasar una difícil y amarga estancia en los campos de concentración franceses Argelès, Barcarès, Saint Cyprien, Gurs—pudieron emprender viaje a los varios países de América que les dieron acogida, notablemente México, a donde fueron llegando en diversos barcos, entre ellos, el *Sinaia* (1,620 exiliados) y el *Mexique* (2,200 exiliados). Sin embargo, María Martínez Sierra no se encuentra entre quienes fueron relativamente pronto a América, a pesar de que varios de sus más íntimos amigos y compañeros de partido habían salido al exilio mexicano. Como consecuencia, durante varios años parece haberse perdido o desaparecido para aquellos que habían compartido con ella importantes momentos políticos.

Aunque muchos fueron los desaparecidos en el éxodo de España y en el paso por los campos de concentración, no deja de sorprender que un personaje con el perfil de María Martínez Sierra, importante escritora, diputada, y representante de la República, pudiera haberse esfumado sin dejar al parecer huellas de su paradero. Si el que se quedara en Francia, como veremos, tiene una lógica explicación, su desaparición inquietó sobremanera a sus amigos Matilde de la Torre y Ramón Lamoneda, ambos compañeros de partido, que una vez establecidos en México, se dedican a buscarla, y que después de una larga y frustrante búsqueda finalmente logran ubicarla en 1945 en Niza por medio de las gestiones de la Cruz Roja mexicana e internacional. Grande fue la alegría de María, según se lee en una brevísima nota suya dirigida a Matilde de la Torre, escrita a mano en el dorso de un certificado de la Cruz Roja mexicana y fechada 29-XII-44: "Alegría inmensa mensaje. Vivimos miserablemente. Yo casi ciega catarata doble. Sin dinero sin noticia de nadie. ¿Sabéis paradero de Gregorio?" Una vez reestablecida también la comunicación con Lamoneda, María le cuenta en 1945 que lleva 5 años "incomunicada con el mundo entero" al estar el pequeño rincón del mundo en donde vive ocupado por los Nazis.

A pesar de que su desaparición rayaba en lo inexplicable para sus compañeros de partido y amigos, el hecho de que no hubiese dejado Francia junto con ellos—aunque sorprendente y atípico—parece tener una explicación relativamente sencilla y de índole familiar: necesita cuidar de su hermana enferma, Nati, que vive con ella, primero en la casa de Cagnes (lugar en el cual a menudo había pasado temporadas desde principios de los años 20 para escapar del frío invernal madrileño que tanto la atormentaba) y después en Niza.

Pero, si la incomunicación con sus amigos y compañeros en México es total, no ocurre lo mismo con su familia que vive en Madrid ni con su amiga y discípula, María Lacrampe con la cual mantiene una fluida correspondencia a pesar de que durante los primeros años en que se escribe con ella ésta está presa en las cárceles franquistas. En estas cartas a Lacrampe, repletas de los borrones de las tachaduras de los censores Nazis, franquistas, y carcelarios y de lo que ella llama "nimiedades" ("Dirás, con razón, que de qué chocheces te hablo, pero ¿de qué va una a hablar con triple censura?" [21-V-44]), es donde podemos leer, a menudo entre líneas, acerca de su vida en la Francia ocupada. Así, predominan en estas cartas noticias del hambre y frío que pasan las dos hermanas y agradecimientos por los paquetes de comida que han recibido provenientes de España.

> Sabrás que hace unos días, llegó el resto del paquete: de las doce cosas que venían apuntadas en una lista, faltaban seis y media; ¡y tan ricas! Creemos será el paquete que nos anunciabais a primero de año al cual había contribuido Mari Pepa, porque venía jamón, chorizo y sardinas de lata y esas suelen ser especialidades suyas: si es como pensamos, el paquete ha estado cuatro meses en el camino: así es que el jamón, los chorizos y el turrón están bastante amojamados o, por mejor dicho, empedernidos: el jamón le partimos con cuchillo-sierra—pero estaba riquísimo y de los chorizos no digo nada: ya sabes que son mi pasión: el turrón se ha vuelto a convertir en almendra, pero con ello se le ha concentrado el sabor, y nos gusta horrores. El dulce de membrillo ha llegado perfecto: tu queso se le han comido ¡ay! sin duda en una de las tres aduanas. Nati le lloró y yo lloro el chocolate igualmente desaparecido, y las dos suspiramos por el jabón etc. etc. Esa agencia de Cèrbere por la cual envía el Sr. Catañón es una verdadera calamidad: de todo lo que habéis enviado por ella esto es lo primero que llega ¡y en que estado!

Creo debéis abandonarla y buscar otro camino: los paquetes que enviasteis por Hendaya llegaron perfectamente y deprisa. Enviad paquetes más pequeños: siendo de sólo tres kilos se encarga de ello el correo y llegan mejor que los que por ser de más peso circulan bajo la responsabilidad de los ferrocarriles. Los guantes—si llegan—aunque ya pasó el invierno, me vendrán muy bien para esconder mis manos que tengo destrozadas del servicio doméstico. (2-V-1944)

Terminada la guerra y habiéndose relajado la censura postal—por lo menos en el lado francés—aún mantiene en silencio las actividades, los eventos y las condiciones en que ha vivido.[4] A modo de explicación de lo que podría parecer ser la extrañeza de no escribir sobre sus experiencias durante la guerra y la ocupación, María en una carta de 1948 establece un paralelismo harto significativo: compara su silencio al de los combatientes que vuelven del frente y de los sobrevivientes de los campos de concentración. El que se identifique con ellos nos revela el trauma que ha sufrido en los años que no ha visto a su amiga:

> Decía en una carta a mi casa que te escribiría para contarte mis penas: pero en cuanto me pongo a escribir, me es imposible: sin duda me consuela la mera idea de estar charlando contigo: no es que se me olvide lo desagradable que pueda sucederme, es que no me gusta hablar de ello ¿para qué? Cuando nos veamos (si llega ese día) tal vez te contaré impresiones tristes, pero puede que no: he observado que los que vuelven de la guerra o de los campos de concentración no quieren hablar de lo que han sufrido; Y lo mismo me pasa a mí. (8-I-1948)

Al igual que la gran mayoría de los refugiados, María vive su exilio francés con esa nostalgia que Sánchez Vázquez considera característica del exiliado:

> [S]e ve—sobre todo en los primeros diez o quince años del exilio— como un desterrado, en el sentido preciso del que ha perdido su tierra o ha sido arrancado de ella. Por esto, sus ojos miran más a la tierra perdida que a la hallada, y por ello, también, la nostalgia de aquella nubla o estrecha la visión de esta. Mirando lo que ha encontrado, sólo recuerda lo perdido. No importa dónde pose su mirada: una calle, un puente, una flor, un pájaro, el atardecer . . . . Lo ausente pesa más que lo presente; el ayer o el mañana más que el hoy; lo ideal más que lo real y lo soñado más que lo despierto. En suma, lo perdido más que lo hallado. (249)

De ahí que a menudo los objetos que la rodean en su casa de Niza la transporten nostálgicamente a su hogar madrileño que sospecha ha sido ocupado dada su larga ausencia. En 1944, por ejemplo, escribe: "[t]engo en la mesa un ramo de rosas que me llevan el pensamiento a Chamartín. ¿Quién vivirá en mi casa?" (2-V-1944).

Otras veces es el hambre lo que la sume en recuerdos de comida (que a veces tienen un toque cómico):

> ¿Qué riquísimo nos ha sabido tu pedazo de queso! Yo sueño que viene rodando por la carretera una fila de quesos manchegos seguida de un barrilito de miel que rueda detrás de ellos. ¡Cuando pienso que tantas veces se nos ha secado el queso en el aparador! No volverá a suceder. Pienso en los comestibles más inverosímiles: por ejemplo, arrope o bacalao o lentejas que no compraba casi nunca: me pongo a soñar en pestiños o torrijas, como antes soñaba en viajes maravillosos o en visitas de museos lejanos. Recuerdo la emoción que me causó mirar por vez primera el campo de Granada desde una ventana de la sala de Embajadores en la Alhambra o la Plaza San Marcos en Venecia, y pienso que no me la causará menor volver a ver sobre la mesa una magnifica rodaja de merluza frita o un plato rebosante de paella "con trozos" como dicen los alicantinos. (11-VI-1944)

Pero también encontramos destellos de esperanza en estas cartas que desplazan la nostalgia o, por lo menos, la acallan. Según Genevieve Dreyfus-Armand los exiliados en Francia vivían con la esperanza de volver a España inmediatamente después de la Liberación, esperanza que les duraría hasta principios de los años 1950, cuando Estados Unidos, entre otros países, reconoce el régimen de Franco y comienza a regularizarse la situación diplomática de España en el orden internacional. La esperanza del retorno a España provenía de la posibilidad de que se hundiera el régimen franquista "a semejanza de los regímenes hitleriano y musoliniano que ayudaron a los nacionalistas a apoderarse de España" (Dreyfus-Armand 185). Y así vemos que en varias cartas anteriores a tomar la decisión de ir a América María Martínez Sierra plantea la posibilidad de su retorno a España.

El 2 de agosto de 1947 le escribe a Lacrampe que "por ahora no pienso ir a España", con lo cual deja abierta esta posibilidad, y en otra carta de la misma época le comenta que "[o]tras veces pienso en irme a América para trabajar de firme el poco tiempo en que aun me quedarán fuerzas; otros días pienso en quedarme en España, aunque nunca en Madrid" (sin fecha). Si contempla el posible traslado a América, la esperanza de retornar a España parece mantenerla en Francia y es de sospechar que se agudiza después de la muerte de Gregorio en octubre del '47 y la exitosa operación de cataratas en el '48 cuando, por fin, puede reemprender su escritura, abandonada casi por completo durante dieciséis años al volcarse por completo en la labor política con el advenimiento de la República.[5]

> Me dices—le escribe a Lacrampe—que si trabajo ahora que ya estoy acostumbrada a los lentes: sí, un poco he empezado a trabajar: no me falta la voluntad ni el deseo, ni la capacidad, pero es muy difícil

encontrar mercado . . . . [P]royectos tengo muchos y buenas esperanzas también, pero no sé si estas serán ilusiones. En fin, por el momento me tiene tan contenta haber vuelto a ver y poder trabajar que no me dejo entristecer demasiado por la situación paradójica en que me encuentro de haberme muerto en vida y tener que resucitar para seguir viviendo. Sería una novela sensacional, pero esa, precisamente, no la quiero escribir. (8-X-1948)

El fallecimiento de Gregorio fue una pérdida dolorosa para María ya que no sólo le privó de un ser querido, sino que con él desapareció el nombre que había utilizado a modo de pseudónimo. Es por ello que se encuentra en lo que describe como "la situación paradójica . . . de haberme muerto en vida y tener que resucitar para seguir viviendo". Será a partir de la muerte de Gregorio cuando volverá al mundo de las letras con un nuevo nombre—María Martínez Sierra—a la vez que se dedicará a establecer la que sin duda había sido su autoría de la obra de "Gregorio Martínez Sierra" para poder cobrar los derechos de autor que la Sociedad de Autores Españoles le había estado pagando a Gregorio hasta su muerte. De ahí que diga en esta carta que tiene que "resucitar para seguir viviendo".

A partir de 1947–48 mantiene su mirada fijada en España, ya que significa para ella si no el presente, sí el futuro en tanto que es el único lugar donde piensa puede colocar los nuevos textos en que está trabajando: la obra de teatro, *Es así,* y un libro de memorias. Aun sabiendo que vive en el "destierro" (Carta a Collice Portnoff 12-X-1948), vocablo que subraya la "pérdida de la tierra y la separación del suelo propio" (Guillén, 97), la esperanza también parece desplazar la realización a la que llegarían inevitablemente todos los desterrados; que el exilio es "la expulsión del presente; y por lo tanto del futuro—linguístico, cultural y político—del país de origen" (Guillén, 141).

Ejemplo de que aún mira hacia España como su futuro lo encontramos en una carta a su hermano Alejandro de 1949 en que le pone al día sobre los libros de memorias que está escribiendo:

> Sí, la censura es terrible: *España triste* [título que luego se convertirá en *Una mujer por caminos de España*] no la admitirían puesto que son recuerdos de propaganda política. Es el que estoy escribiendo ahora porque me lo piden de Estados Unidos . . . . El que más convendría para España es *Horas serenas (Medio siglo de colaboración)* [título original de *Gregorio y yo*] porque en él no se trata más que de vida literaria sin política ni religión. Si verdaderamente están dispuestos a publicarle, en cuanto termine con *España triste* empezaré con él. (26-III-1949)

Ese mismo año en otra carta a Alejandro le dice que "[p]robablemente aceptaré la proposición [de Aguilar] si me la hace, de Obras Completas de

Gregorio Martínez Sierra ordenadas, corregidas y prologadas por María Martínez Sierra" [22-I-1949]. La propuesta de esta editorial nunca le llegó y, es más, se ha perdido la introducción que nuestra autora escribió para la edición.

"Aquí estamos como separadas por una pared de vidrio que no es nada y no nos permite acercarnos" le escribe a María Lacrampe el 28 de marzo, 1948. Esta acertada metáfora resume la problemática literaria y personal de María Martínez Sierra durante la primera década de su exilio ya que puede "ver" España a través del vidrio, pero no puede traspasar el obstáculo que ésta supone. Como dramaturga la "pérdida de la tierra" significa, ante todo, su desarraigo y desvinculación de los lugares, más concretamente de los teatros, que habían sido los principales espacios para la expresión de su producción literaria. No nos sorprende, por lo tanto, que le pida a Lacrampe que le envíe "en la primera carta el pedazo de cualquier periódico en que esté el anuncio de las funciones de teatro, porque me gustaría saber como anda este arte en Madrid" (12-XII-1949).

A diferencia, por ejemplo, de los poetas exiliados cuya actividad cultural incluía la creación de revistas y de editoriales para poder publicar sus poemarios, los dramaturgos se encontrarían con una situación muy diferente y harto difícil ya que habían perdido sus teatros y su público. Discutiendo la problemática de Max Aub, José Monleón propone que este dramaturgo fue un autor "sin teatro donde cobijarse, sin público, personaje él mismo de una historia que le privó del espacio social, del sosiego, de la continuidad y del marco cultural donde posicionarse que necesita todo dramaturgo" (506). Para María Martínez Sierra acostumbrada a estrenar en los más importantes escenarios de España ante un público que la había hecho famosa, la pared de vidrio le resultará ser irremontable y será emblemática de su largo exilio literario.

Coincide la decisión de María Martínez Sierra de partir hacia América con la pérdida de esperanza de los refugiados de que el régimen franquista se deslegitimase y, por lo tanto, que se hundiese.

> En septiembre, si vienes, no estaré aquí. Hoy, al fin, he conseguido el visado para los Estados Unidos y si Dios continua dándome vida y salud, el 6 de septiembre embarcaré en Génova para intentar el nuevo descubrimiento de América. En todos sentidos, la vida se ha puesto imposible para mí en este paradisíaco rincón de Costa Azul . . . [E]l cuerpo y el alma me piden a gritos un poco de novedad y de vida propia antes de morirme, cosa que no me importa y que no puede tardar. Mas, por lo mismo, deseo morir con un poco menos de resignado aburrimiento. Veremos si lo consigo. Voy a trabajar desaforadamente—así lo espero al menos—. Tal vez ello me dé la ilusión de que, por un momento, vuelve la juventud . . . . No me atrevo a pensar en la voluptuosidad exquisita de

la primera taza de café que tomaré en el barco sin habérmela tenido que preparar. ¡Qué poco le pide uno a la vida pasados los setenta! (2-VIII-1950)

Quisiera hacer hincapié en el hecho de que María Martínez Sierra tiene 76 años cuando emprende su largo viaje exílico que la llevará desde Nueva York hasta Buenos Aires con escalas en Tempe, Arizona, Los Angeles y México D.F. A pesar de que la vida se le hubiese "puesto imposible" en Niza, es absolutamente notable que a su avanzada edad se atreviera a trasterrarse a América y, aún más, cuando cotejamos, por ejemplo, las estadísticas de las edades del primer grupo de refugiados que llegaron a México en el *Sinaia*. En éstas encontramos que la edad promedio de los pasajeros era de 34 años y que no había ninguno que tuviera más de 75 años. Y, si la situamos entre la Generación del '98, grupo literario al que ella misma se sentía pertenecer, sabemos que el único que se hubiera mantenido en el exilio habría sido Antonio Machado, dado el caso de que hubiera sobrevivido más allá de unos cuantos meses tras su salida de España.

Si de por sí la cuestión de la edad en el caso de nuestra autora muestra su enorme valentía y espíritu de sobrevivencia, también creo que nos ayuda a descifrar uno de los enigmas que rodea la memoria—o mejor dicho, el silencio—de su destierro: el que rara vez se la incluya en las largas listas de intelectuales y escritores/as exiliados/as o en el canon de la literatura exílica. Claudio Guillén ha sugerido que al reflexionar sobre la producción literaria del exilio "conviene tener en cuenta la edad de la persona" en tanto que existen importantes diferencias entre el "desterrado adolescente . . . y la figura establecida (Thomas Mann, Juan Ramón Jiménez), capaz todavía de crecimiento, pero no de autodescubrimiento; y entre los dos, el escritor middle-aged que domina su arte pero aun puede cambiarlo o al menos modificarlo significativamente (Brecht, Generación del '27)" (142). En esta sugerente tipología María Martínez Sierra entraría a formar parte del grupo de las "figuras establecidas", es decir de aquellos autores y autoras cuya escritura no se nutrirá ni se verá afectada por el nuevo lugar en que viven. A diferencia de Juan Ramón Jiménez, por ejemplo, que continuó escribiendo en su exilio puertorriqueño y que ganaría el Premio Nobel en 1956, María Martínez Sierra, fuera de sus dos libros de memorias publicados a principios de los años 50 y de la obra de teatro *Es así* que escenificaron los alumnos del College del Estado de Arizona, que pocos años más tarde sería la Universidad del Estado de Arizona, no estrenó ninguna obra ni publicó ningún libro significativo en su exilio americano. Aunque en parte esto se pueda atribuir a que no encontrara teatros para estrenar, también podría ser que su mundo creativo e imaginación tenían poco que ver con el mundo que le rodeaba. Es interesante notar que en su gran mayoría los artículos que publicó en la prensa argentina y las audiciones que escribió para Radio Nacional de este mismo país están relacionados con figuras literarias que pertenecen en su mayoría al pasado español.

En 1950 María Martínez Sierra, la que había sido infatigable escritora, sale de Francia rumbo a Nueva York, llevando en la maleta una nueva obra de teatro *Es así, España triste (Una mujer por caminos de España)*,[6] y otro libro de memorias a medio escribir, *Gregorio y yo*.[7] Analizando la trayectoria de su viaje nos damos cuenta que ésta fue fijada y determinada, significativamente, por el trabajo; es decir que todos los lugares en que recaló (Nueva York, Tempe, Los Angeles, México) hasta fijar su residencia en Buenos Aires eran sitios en los cuales tenía asuntos de negocios que resolver, cuestiones de derechos de autor, por ejemplo, o en los cuales tenía la esperanza de poder estrenar o publicar sus nuevas obras.

Así, el que María fuese a Nueva York en vez de a México, a donde estaban en gran parte sus amigos y compañeros de partido, se debe a que en la capital literaria norteamericana tenía negocios pendientes con su agente (entre ellos el pago completo de las "royalties" de *Canción de cuna* que se habían interrumpido en 1939) y con algunos editores que habían mostrado interés en su nueva obra *Es así*. Cabe recordar que en los años 20 la obra de "Gregorio Martínez Sierra" había gozado de alguna fama en Estados Unidos y que María aún mantenía un tenue contacto con el traductor de su obra. Por lo tanto Nueva York representaba para ella la posibilidad de reestablecer las importantes conexiones literarias que se habían truncado a partir de la guerra civil, relaciones que pensaba le podrían traer ingresos. También aprovecha su breve estancia en Nueva York para buscar una agencia literaria que se ocupe de colocar sus libros, principalmente *España triste* y otros artículos (carta a Collice Portnoff 12-X-1950). Sin embargo y a pesar de haberse dedicado a intentar recrear el espacio literario que de antaño había ocupado, Nueva York no le brindó nuevas oportunidades. En una carta a su traductora y apoderada Collice Portnoff le escribe que "[a]quí estoy perdiendo un poco el tiempo, pero no hay más remedio" ya que "[n]o quiero marcharme de New York hasta resolver esto (la publicación de *España triste*) y ver si consigo unas cuantas colaboraciones fijas en algunos periódicos que me aseguren una pequeña ganancia para este invierno. Si me quedara en New York tendría lecciones y algunos trabajos de traducción con que ganarme bien la vida" (carta a Collice Portnoff 12-X-1950).

Después de poner en escena *Es así* en Tempe, Arizona marcha a Los Angeles, donde piensa que tiene la posibilidad de vender algunos guiones cinematográficos en tanto que la obra de "Gregorio Martínez Sierra" no era del todo desconocida en Hollywood entre otras razones porque el mismo Gregorio había pasado por la meca del cine intentando colocar algunas de sus obras (carta a Collice Portnoff 12-X-50). Pero "los asuntos... van despacio" en Hollywood, le escribe a Lacrampe desde Los Angeles, su última parada en Estados Unidos. Añade: "Me marcharé a México dentro de dos semanas. En México, mientras llegan los *grrrandes* resultados, si llegan alguna vez, podré hacer trabajo más positivo y modesto que me asegure el pan de cada día. Allí tengo buenos amigos políticos y personales" (2-I-1951). Sin embargo, a pesar de los amigos y de algunas traducciones que hizo para "asegurarse el pan de cada día", en México no se sintió cómoda física ni literariamente. A los ocho meses de llegar decide dejar el país:

> Me marcho—espero—el dia 25 para la Argentina,—le escribe a Lacrampe—porque aquí en teatro no se puede hacer nada—no están los mexicanos lo bastante civilizados para entenderlo y les basta con el cine, con tal de que sea de crímenes y porquerías, para su diversión. En Argentina, parece que hay teatros formales como en Madrid y como el arte dramático es mi oficio, allá me voy para ganarme la vida y ahorrar si puede algo para la extrema vejez. (8-IX-1951)

A diferencia de los muchos refugiados que pudieron acoplarse a México, entre otras razones por el sentimiento de inmenso agradecimiento que sentían por el país que se había portado tan generosamente con ellos, María Martínez Sierra como dramaturga vio al igual que Max Aub, por ejemplo, las inmensas dificultades para desempeñar su arte, aunque como le cuenta a Lacrampe en esta misma carta: "He trabajado aquí bastante: he hecho una traducción del inglés; he corregido también del inglés una traducción ajena que estaba muy mal hecha; estoy casi terminando mi libro HORAS SERENAS. *He dado unas cuantas conferencias literarias*".

Pero Buenos Aires tampoco le brindaría las oportunidades teatrales que ella anhelaba. A los pocos meses de su llegada a la capital argentina le escribe a Lacrampe que:

> Ahora he terminado una comedia y estoy buscando asunto para otra (No sé para qué, ya que aquí es casi imposible estrenar porque hay una disposición que obliga a los teatros a estrenar casi exclusivamente obras argentinas y no encuentro teatro. Voy a ver si me busco un colaborador aunque sea sólo de nombre que consienta en firmar conmigo cobrando la mitad, y así puede que consiga algo. Veremos; Ahora ando yo por el mundo ofreciendo trabajo sin que nadie lo acepte, y me da rabia trabajar pensando que mis obras darán dinero cuando ya mis cenizas aventadas a los cuatro vientos hayan desaparecido. Paciencia. (14-VI-1952)

Algo parecido le había ocurrido a Rafael Alberti que había llegado a Buenos Aires con una obra teatral lista para estrenarse. Según Monleón, "[e]l problema, como el escritor contó a su vuelta, fue la dificultad de estrenar, la evidencia de que las circunstancias, en su caso el giro a la derecha del gobierno argentino, colocaron al exilio español bajo sospecha, al punto que el autor decidió trasladarse a Italia" (507). No deja de ser irónico que para poder estrenar se le ocurra a María Martínez Sierra un plan que recuerda al arreglo que mantuvo tantos años con Gregorio, cuyo resultado, como bien sabemos, ha sido el que se haya borrado su colaboración en la obra de "Gregorio Martínez Sierra". Pero, sin embargo y a pesar de que de entrada Buenos Aires no le proveyó las oportunidades deseadas, María aun tenía un proyecto importante que terminar: *Gregorio y yo*.

Si la nostalgia por lo perdido permea la vida y la escritura de los exiliados, la melancolía también aparecerá como un importante rasgo en su producción literaria. Sin embargo y a diferencia de otros libros de memorias escritas en el exilio en los cuales la melancolía informa el texto—recordemos que la autobiografía de María Teresa León se titula *Memoria de la melancolía*—en *Gregorio y yo* no es éste el caso hasta que finalmente irrumpe la melancolía en el último capítulo titulado "En la otra orilla", uno de los *topoi* más repetidos en la literatura exílica.

A modo de explicación, es importante notar que cuando comienza este libro de memorias en Niza apenas ha pensado en la posibilidad de trasladarse a América. Aunque, como hemos visto, en Niza se siente desterrada, no puedo sino suponer que la realidad de lo que significa el exilio sólo se le hará patente cuando después de cruzar un mar y un continente se establece en Buenos Aires. Es por eso que no se acusa en *Gregorio y yo* la melancolía tan típica de los exiliados hasta el último capítulo que escribe en el punto final de su viaje. Así, el viaje psíquico del duelo se yuxtapone al viaje real que la lleva hacia el exilio del que no ha de volver. Si puede remontarse a la aflicción de la pérdida de personas queridas (Gregorio, su hermana Nati, etc. . . .), el exilio será la causa del desencadenamiento de la melancolía cuando María, finalmente, acusa la pérdida de su país. A diferencia de otros refugiados que, en palabras de José Pascual Buxó "rememoran las horas de desdicha con el mismo orgullo con que hubieran celebrado una victoria" (Caudet 490), así, al final de *Gregorio y yo* María es incapaz de contener y frenar su melancolía, pero, como la hemos visto hacer en otras ocasiones, opta por acallar su angustiada narrativa escondiéndose en un abrupto final:

> Me detengo. Este repasar viejas memorias se van transformando de gozo en angustia. A fuerza de evocar sombras—casi todo lo que fue mi vida ha desaparecido—antójaseme que soy una sombra también. No seguiré. No puedo seguir. No quiero seguir. Cierto, la memoria es arca sellada y

mágica: una vez entreabierta, deja escapar recuerdos inagotables, pero ¿vale la pena? (392-93)

Empecé diciendo que lo que me interesaba de las cartas de nuestra autora era que en ellas se registra la cotidianidad del exilio al que rara vez tenemos acceso, particularmente con relación a los/las escritores/as de la España peregrina. En el día a día del exilio de María Martínez Sierra hemos visto, entre otras muchas cosas, las dificultades de la sobrevivencia física y psíquica a la vez que hemos entrevisto los cambiantes estados de ánimo que compartió con la inmensa mayoría de la diáspora republicana. La esperanza, la nostalgia y la melancolía, aunque presentes en mayor o menor medida en las cartas, coexisten con la imperiosa necesidad de trabajar no solamente para sobrevivir, sino también para seguir creando, es decir, viviendo. Quizás sea el filósofo exiliado Adorno el que mejor haya articulado la relación entre el destierro y la escritura cuando en *Mínima Moralia* establece que "for a man who no longer has a homeland, writing becomes a place to live" (87). Esta fue la realidad de los escritores en el exilio que pudieron encontrar su nuevo lugar-hogar en y por medio de su escritura. La tragedia de María Martínez Sierra, la infatigable escritora y optimista, es que nunca logró poner en escena ninguna de las pocas obras de teatro que escribió en el exilio. A pesar de ello, siguió escribiendo no solamente para poder sobrevivir económicamente, sino para sentirse viva. En 1954 le escribía a Lacrampe desde Argentina que:

> Te dejo para ir a terminar un buñuelito sentimental que estoy escribiendo para una revista para señoritas: se titula esta mi última obra maestra "Recuerde su amor primero". ¡Figúrate! Pero, hay que ganarse la vida y hoy he tenido que pagar 150 pesos por arreglo de mi máquina de escribir. (29-VIII-1954)

Y todavía en 1968, a los 94 años, le escribe a su amiga que:

> Ahora todavía trabajo muy poco... unos cuantos artículos para *La Prensa*, que es uno de los dos grandes periódicos de Buenos Aires... lo que sí he hecho es traducciones para la Editorial Losada y para la casa Hachette. Ahora vuelvo a pensar en hacer algo que valga la pena, pero los días son muy cortos y con la luz artificial me costaría demasiado esfuerzo... (20-V-1968)

NOTAS

1. La exposición tomó lugar en el madrileño Parque del Retiro desde el 17 de septiembre 17 hasta el 28 de octubre, 2002. Ver Guerra *et al. Exilio: Exposición.*

2. Ver mis introducciones a *Una mujer por caminos de España* y *Gregorio y yo.*

3. He aquí los datos cronológicos de aquel exilio: A los pocos meses de empezada la guerra, María Martínez Sierra sale de España con destino Suiza donde represen-

tará al gobierno de la República. En 1938 se encuentra en Bélgica organizando la acogida de los niños que habían sido evacuados de España (principalmente del País Vasco y Asturias) al caer estas dos regiones en manos fascistas. Al finalizar la guerra reside como refugiada política en Niza hasta que en 1950, a los 76 años, decide continuar su exilio en Estados Unidos de donde se traslada a México D.F. en 1950 y, de ahí, en 1951, a Buenos Aires, donde muere en 1974.

4. Aunque aún no se han estudiado sus actividades políticas y sus contribuciones a la prensa socialista en el sur de Francia sabemos que entre 1944 y 1946 publicó por lo menos cinco artículos en el periódico *Adelante* que comienza a editarse en 1944 en Marsella y se subtitula "Órgano del PSOE y portavoz de la UGT de Bouches du Rhône" y que a partir del número 27 pasa a subtitularse "Boletín interior de información del PSOE y de la UGT de Bouches du Rhône". Le debo esta importante información a Juan Aguilera Sastre.

5. El ultimo libro de "Gregorio Martínez Sierra" es *Nuevas Cartas a las mujeres de España* publicado en 1932.

6. Libro de memorias en que cuenta sus experiencias de propagandista durante la República, que finalmente y después de un sin fin de problemas que he contado en otro sitio, se publicará en Buenos Aires en 1952. Ver mi artículo "María Martínez Sierra: Figura política y literaria".

7. Este libro de memorias le había sido imposible publicar en España a pesar de que trataba únicamente de su vida literaria.

OBRAS CITADAS

Adorno, Theodor. *Minima Moralia*. London: Verso, 1974.
Blanco, Alda. "Introducción." *Gregorio y yo: Medio siglo de colaboración*. By María Martínez Sierra. Valencia: Pre-Textos, 2000. 11–42.
———. "Introducción." *Una mujer por caminos de España*. By María Martínez Sierra. Madrid: Castalia, 1989. 7–46.
———. "María Martínez Sierra: Figura política y literaria." *Estreno* 29 (2003): 4–9.
Caudet, Francisco. *Hipótesis sobre el exilio republicano de 1939*. Madrid: Fundación Universitaria Española, 1997.
Dreyfus-Armand, Genevieve. "El exilio republicano en Francia". In Guerra, 179–193.
Guerra, Alfonso, et al. *Exilio: Exposición*. Palacio de Cristal del Parque del Retiro, Madrid, del 17 de septiembre al 28 de octubre de 2002. Madrid: Fundación Pablo Iglesias, 2002.
Guillen, Claudio. *El sol de los desterrados: Literatura y exilio*. Barcelona: Quaderns Crema, 1995.
Martín Casas, Julio y Pedro Carvajal Urquijo. *El exilio español (1936–1978)*. Barcelona: Planeta, 2002.
Martínez Sierra, María. Cartas inéditas a María Lacrampe. Fundación Ortega y Gasset. Madrid.
———. Cartas inéditas a Alejandro Lejárraga. Archivo María Lejárraga. Madrid.
———. Cartas inéditas a Collice Portnoff. Archivo María Lejárraga. Madrid.
———. Carta inédita a Matilde de la Torre. 29 diciembre 1944. Archivo Lamoneda, ARLF 166–22. Fundación Pablo Iglesisas. Madrid.
Monleón, José. "Una dramaturgia irrecuperada." In *Actas del primer congreso*, vol 2, ed. Manuel Aznar Soler. Barcelona: GEXEL, 1998. 491–512.
Said, Edward W. *Reflections on Exile and Other Essays*. Cambridge: Harvard University Press, 2000.
Sánchez Vázquez, Adolfo. "Miradas sobre—y desde—el exilio". In Guerra, 247–51.
Todorov, Tzvetan. *Hope and Memory: Lessons from the Twentieth Century*. Princeton: Princeton University Press, 2003.

PART IV

Family, Gender, and Nation

7. Reproducción, familia y futuro
Cuatro denuncias en clave femenina

Geraldine Cleary Nichols

> Motherhood is a bridge between the singular and the ethical.
>
> JULIA KRISTEVA[1]

Desde hace un par de años me dedico a investigar la representación de la reproducción en la literatura española y en la catalana. La fecundidad es un tema candente en la España actual, como lo es en otros países europeos, a causa de los bajísimos índices de natalidad en la población autóctona. La inmigración complica la situación aún más, cambiando sensiblemente la demografía del país. Aunque los inmigrantes alivian la escasez de la mano de obra y contribuyen a subir la tasa de natalidad, la idea de recurrir a "otros" para solucionar la falta de reproducción autóctona plantea dificultades políticas e identitarias.[2] Contra este fondo, el análisis que aquí presento cobra particular relevancia, porque demuestra que varias mujeres escritoras de España y de Cataluña problematizaron el tema de la propagación mucho antes del fin del siglo XX. A través del escrutinio de cuatro textos literarios publicados en España entre las fechas emblemáticas de 1898 y 1975, se verá cómo estas autoras usaron la procreación para criticar la sociedad inequitativa en la que vivían.

El primero de los textos, de 1898, es "La infanticida" de Caterina Albert y Paradís, quien después del escándalo provocado por la obra adoptó el pseudónimo de Víctor Català;[3] de 1911 es "El honor de la familia" de Carmen de Burgos;[4] de 1946, "Divendres 8 de juny" de Mercè Rodoreda, y de 1975 la novela de Montserrat Julió, *Memòries d'un futur bàrbar*. Los textos presentan notables diferencias, debidas tanto al momento de su composición como a los diversos programas escriturales de sus autoras. Sin embargo, todos problematizan la reproducción en un mundo presentado como injusto y renuente a socorrer a los desvalidos.

La palabra "reproducción" causa cierto desconcierto en el ámbito literario, pero la empleo porque engloba muchos significados: la propagación de la especie a la vez que la replicación de modelos de comportamiento y de grupos sociales, como la burguesía o la nación. Biológica y conceptualmente, la reproducción involucra al hombre en igual medida que a la mujer, y así puede considerarse una temática universal. Aplicada al contexto de las literaturas de España, pone a dialogar textos muy dispares, tanto de mujeres como de hombres. Mis lecturas hasta la fecha revelan que las escritoras españolas y catalanas han usado el tema para denunciar la insalubridad de la organización social, señalando repetidamente que las instancias del poder ponen trabas a la propagación de la especie, un proceso que es tan natural como necesario.

La temática de la reproducción aparece con frecuencia en las obras femeninas del siglo veinte, cambiando de énfasis según las circunstancias históricas. En otros estudios he trazado su desarrollo en dos obras emblemáticas de la posguerra ("*No parirán*"), y en nueve obras de la década del 90 ("Procrear"). ¿Cómo explicar su importancia? Por un lado, el imperativo cultural de casarse y fundar familia ha pesado de manera particular sobre la mujer, porque ésta ha tenido opciones vitales más limitadas que las del hombre. Que las escritoras hayan reflejado sus cavilaciones al respecto no puede sorprender. Por otro lado, como autoras ellas han tenido que buscar la manera de hacerse valer delante de un público escéptico: resulta lógico escribir sobre temas que otros consideran consustanciales con su género, como la procreación. Al mismo tiempo es una manera provechosa de explotar la tópica identificación entre la mujer y su papel generativo.

Las escritoras enfocadas en este artículo abordan el tema de la generación con propuestas reivindicativas, contando historias iconoclastas que cuestionan la versión ortodoxa de la reproducción. Recalcan que en esta tarea biológica y cultural la mujer tiene que soportar mucho más de la mitad de la carga. Amplían el alcance de su crítica valiéndose de una antigua tradición iconográfica en la cual la díada mujer-criatura funciona como metáfora de la vulnerabilidad. Todos los textos describen el maltrato de esta pareja indefensa por parte de representantes del poder institucional. *Memòries* no sólo presenta estos malos tratos sino que lanza un aviso: habrá una hecatombe si la sociedad no se esfuerza por equiparar el poder entre los protectores de la vida y los aprovechados, entre los que no detentan la palabra y los que sí, entre mujeres y hombres. Las reflexiones de Luciana Percovich sobre la maternidad actual coinciden con esta visión:

> Ante todo, nos encontramos con una situación contradictoria: los objetivos de la acción materna no coinciden con los objetivos de la acción pública, con los valores generales de la sociedad. En efecto, la finalidad global de la maternidad consiste en reproducir, proteger, guiar, comprender la vida del individuo y del grupo del que forma parte: desarrollar y hacer que su "producto" sea aceptado por el grupo social.

Estos objetivos no coinciden con los públicos: hace tiempo que es evidente que vivimos en una sociedad en la que, se trate de la relación con los otros o con la naturaleza y los recursos en general, no existe el más mínimo interés en conservar o proteger, en hacer desarrollarse libremente al que debe crecer y exteriorizar sus propias potencialidades. Los valores que orientan a la sociedad en la que vivimos persiguen y legitiman la explotación y la rapiña, sofocan la individualidad singular y la autonomía del juicio. (236)

Las obras consideradas aquí representan distintos géneros literarios: "La infanticida" de Caterina Albert es un monólogo dramático en verso; "El honor de la familia" (de Carmen de Burgos) y "Divendres" (de Mercè Rodoreda) son cuentos, y *Memòries d'un futur bàrbar*, de Montserrat Julió, una novela de ciencia ficción. Las obras breves—el monólogo y los cuentos—se inscriben en un registro que oscila entre el melodrama y el naturalismo, en armonía con un propósito de conmover y convencer.[5] Dado que los textos son poco conocidos, me parece oportuno resumir las tramas. "La infanticida" es hablada por Nela, campesina e hija de molinero. Tiene lugar en la celda del manicomio donde la encerraron después de que matara a su hija recién nacida. Ha tirado la criatura, fruto de sus amores con un joven de la alta burguesía urbana, en las fauces del molino. Temía que su padre, al enterarse de la deshonra, cumpliera con su repetida amenaza de degollarla, como cuando le mostró

"[. . .] aquella falç retorta,
més relluenta que un mirall de plata
y més fina de tall que una vimella . . .
Va agafar-me d'un braç amb dits de ferro,
i fent-la llampegar davant mon rostre,
"Te la pots mirar bé", va dir; "la guardo
per tallar-te en rodó aqueix cap de bruixa
el dia que m'afrontis i rebaixis . . .
Mira-la bé, gossa bordella, i pensa
que encara tinc delit, i ella no és gansa!" (43)

También escrita dentro de la tradición melodramática, "El honor de la familia" trata de Soledad, otra inocente embarazada y abandonada por un señorito. Ella pertenece a una familia de "la más rancia nobleza de Castilla"(1), aunque las cinco mujeres que componen esta unidad apenas tienen qué comer. Para resolver los apuros económicos, Soledad ha sido enviada fuera del reducto familiar a prepararse como maestra. Y son sus estudios los que la salvan. Cuando se queda en estado, su preparación profesional le provee una salida y le permite resistir las presiones de su familia y de su confesor para abortar. Su tía abuela, desesperada por "evitar la desdicha de una mancha así"(14), ha secundado la propuesta del confesor de la familia de que Soledad sea convencida a deshacerse del "hijo del vicio"(16). El cura le susurra a Soledad que una vez "curada... de [su] opilación"(16), ella ingresaría en un convento para estar allí a la disposición de él y del cardenal: "no te ha de faltar protección... amor... caricias. Me tienes á mí"(16). Con la ayuda de su hermana, Soledad logra escapar, huyendo del ruinoso palacio familiar y de Toledo, caracterizado como bastión estéril de los valores castizos. Se dirige a Madrid, gran urbe moderna que promete libertad, "a luchar por su hijo, en busca de la vida" (19).

El cuento rodorediano "Divendres 8 de juny" comienza con una madre que amamanta a su hija para dormirla antes de atarle una piedra y tirarla al río. Después se aleja del triste sitio y entra en un café, donde dos hombres se propasan con ella, provocando un rechazo violento. Vuelve al río y le viene el recuerdo de la violación que la dejó embarazada. Sin aparentemente pensarlo, se mete en el agua y deja que la corriente la lleve.[6]

Memòries d'un futur bàrbar provee un contrapunto iluminador a las obras más tempranas. Al ser protagonizada por un ginecólogo, Joan, la novela retrata la cara y no la cruz de la cuestión reproductora, y sin embargo llega a conclusiones parecidas sobre el futuro de una sociedad egoísta y antivitalista. Su ubicación en un mundo más cercano al actual hace más difícil descalificar su crítica por anticuada. Más ceñida al realismo que las otras obras, a pesar de ser una obra de ciencia ficción, la novela de Julió, *Memòries d'un futur bàrbar*, trata de la procreación a nivel mundial, o mejor dicho, del súbito fin de ella en 1973. Después de décadas de atropellos, la madre naturaleza parece haberse hartado de la especie humana, y de pronto los gametos masculinos de los mamíferos dejan de fecundar.[7]

Los cuatro textos narran historias que dan que hablar, pero su originalidad y fuerza provienen del discurso que los constituye y del significado que vehiculizan. Del discurso destacaremos la caracterización de los personajes y la voz de la narración. Al final, repasaremos brevemente la relación entre los textos y la historia, para ver las constantes y las variaciones en el uso de la temática reproductiva.

En las obras cortas, el peso de la caracterización no cae en los dos progenitores—como cabría esperar en historias que tratan de la procreación—, sino sólo en la madre. De esta manera se subraya el reparto desigual de las responsabilidades respecto de la criatura. Es la madre quien tiene que hacerse cargo de lo que Rodoreda llama, en otro cuento, "les conseqüencies nefastes de la veritat". *Memòries* presenta un contraste que ratifica el patrón: Joan es padre y como tal ha podido zafarse de sus responsabilidades, desentendiéndose de sus hijas. En otro nivel, como científico representativo de su gremio, se ha interesado por medrar más que por proteger la tierra.[8]

Otros personajes caracterizados brevemente en estas obras son los que estorban los procesos naturales o los que no ayudan a los desamparados. Son representantes de instituciones patriarcales, vigilantes de la frontera entre lo sancionado y lo proscrito. Se encargan de hacer pagar las consecuencias a las mujeres que no acatan las limitaciones impuestas en la reproducción por la cultura o la religión patriarcal. Encauzar la envidiable y temible capacidad generativa de la mujer es subyugarla: eso se logra negándole los medios de controlar la fecundidad, o retirándole el apoyo cuando está grávida o recién parida. No sorprende que el texto de la declaradamente feminista Carmen de Burgos deplore la antivitalidad de tales controles:

> "Y la víctima, en todo caso?", se pregunta Soledad. "Sólo ella, por haberse dejado llevar de sus sentimientos, cuando leyes y costumbres ponían en lucha á la naturaleza consigo misma. ¿Había derecho á exigir de un ser que muera sin haber amado, sin conocer la caricia del beso del amante y la caricia de unos infantiles bracitos blancos?" (17)

En *Memòries* los antagonistas de la vida son los codiciosos que han despilfarrado las riquezas del planeta hasta dejarlo exánime.

Las obras breves comunican su visión del mundo principalmente a través de la caracterización de la protagonista como víctima de la pasión irreflexiva del hombre. "La infanticida" de Albert y "El honor de la familia" de Burgos se estructuran como melodramas, así que el hombre pasa a ocupar el lugar antagónico, de victimizador egoísta e indiferente. De esta manera se constituye el mundo típico del melodrama; es maniqueísta, con un conflicto irresoluble entre el bien y el mal, en palabras de Peter Brooks.[9] Anja Louis describe el estilo de Carmen de Burgos como un "feminismo melodramático", en el cual la escritora se servía de los excesos del melodrama para incitar a sus lectoras a protestar un mundo injusto (107). Tal juicio es perfectamente extensible a los textos de Albert y de Rodoreda, aunque "Divendres" sea más naturalista que melodramática.

En todo caso, el discurso de las tres obras breves subraya que los hombres han podido saciar sus apetitos impunemente porque el sistema social les otorga el derecho de prevalecer sobre las mujeres. Y en contra de lo que se podía esperar en una sociedad cristiana que predica el insustituible valor de la familia, la tutela de los indefensos, y la caridad hacia los necesitados, son los dañados los que tienen que pagar los platos (o hímenes) rotos. Sin que nadie levante la voz, las tres mujeres son echadas del pobre lugar que ocupaban en el mundo. En la novela de Julió, la víctima es la raza humana: tanto los inocentes como los culpables cargan con las consecuencias de las pasiones adquisitivas. El protagonista Joan empieza como miembro de la clase victimizadora, pero a través de los años se vuelve cada vez más víctima, más "mujer" y más solitario.

La soledad marca a todos los protagonistas.[10] En contravención del estereotipo, las mujeres no viven rodeadas del amor de su familia. Nela y Soledad sufren una carencia arquetípica en la literatura femenina: son huérfanas de madre. Comparten casa con otros parientes, pero los textos muestran que las familias sin madre guardan sólo la letra de la institución; cuidan del honor de la estirpe y no de sus miembros vulnerables. Su situación se hace eco del lamento que Natàlia murmura al sentirse caer bajo el poder de Quimet en *La plaça del Diamant* de Rodoreda: "La meva mare al cementiri de Sant Gervasi i jo a la plaça del Diamant [. . . .] I la meva mare morta i jo aturada com una bleda i la cinta de goma a la cintura estrenyent, estrenyent" (17). En *La infanticida* de Albert, Nela cuenta que el padre nunca le hizo caso, hasta tal punto que ella

> semblava una bèstia salvatgina.
> Escopia a tothom, tirava coces,
> vivia entre els garrins, en les estables,
> i ni sabia enraonar . . . Mon pare,
> poc ne feia cabal, de la mossota . . . (45)

Dirigiéndose al amante desaparecido, Nela recuerda los meses del embarazo: "¿Com ho havia de fer, tota soleta,/desamparada, sense tu ni mare . . . ?"(51) En la escena más estremecedora del monólogo, describe el parto sufrido a solas:

> . . . I que patia!
> que patia, Reiner, tota soleta! . . .
> Soleta, no . . . després . . . que ja era nada . . .
> Era petita així, com una nina . . .
> i amb una caroneta més bufona!
> Els ulls aclucadets, la boca oberta . . .
> Me la vaig estimar tot de seguida! (55)

La protagonista Soledad en "El honor de la familia", por su parte, ha heredado el nombre junto con la vocación de aislamiento de la tía abuela Solita.[11] Recuerda "una infancia sola, sin amor, sin juegos [. . . .] Toda aquella familia que la amaba [. . .] tenía como manifestación de su cariño y entereza la rudeza de no acariciarla jamás. La pobre niña sentía hambre de cariño" (9). El amante la gana sencillamente porque le hace caso, pero huye al enterarse del embarazo, dejándola nuevamente a solas: "La infeliz no tenía á quién confiar su secreto: ni una amiga, ni una persona de familia. ¡Nadie! ¡Si viviera su madre!" (12) Cuando Doña Solita y el cura la empujan a abortar, se insiste de nuevo en su soledad: "Se encontraba sola, abandonada [....] Ni un sostén, ni un apoyo; nada que la alentara" (15).

Desde el principio de la novela de Julió, la soledad de los personajes es intensa; hasta los que conviven se sienten aislados. Joan se ha distanciado de su madre—como los científicos de la madre naturaleza—, para no oír reproches por el abandono de su familia. Al fin de la novela, se ha quedado literalmente solo en el mundo.

La malhadada protagonista del cuento de Rodoreda, "Divendres 8 de juny", no sólo carece de compañía, sino de nombre, de familia, de casa, de trabajo y posiblemente de patria. Su soledad es total, excepto al comienzo cuando amamanta a su hija. Forman el núcleo familiar más clásico de Occidente: *la mare de Déu*, la madonna. La destrucción de esta imagen sagrada es el equivalente, en el plano plástico-artístico, del escándalo moral del infanticidio: proclama que la vida no se parece a las estampas religiosas y no todos pueden vivir felices. El texto es sumamente lacónico pero señala con dos o tres detalles la ternura de la madre frente a su hija. Le da el pecho para contentarla y dormirla antes de ahogarla; le habla, llamándole "pobreta" dos veces. Cuando se les acerca un viejo entrometido e intenta tocar a la pequeña, la madre no le dice nada pero trata de escudarla con su cuerpo: "Ella no li contestà i estrenyé la criatura contra el pit com si volgués protegir-la. L'home no s'adona del gest" (112). En este brevísimo encuentro se puede leer la razón del infanticidio-suicidio: la mujer no puede proteger a la hija, ni con palabras ni con su cuerpo, y tampoco puede protegerse a sí misma. Es un ser sin voz y tan marginal que no cuenta. Es como si no existiera, excepto como objeto de desfogue de los hombres.

La locura y la histeria son otros elementos que sirven para caracterizar a las protagonistas de los textos breves, que explotan a la vez que resisten un estereotipo de la mujer como ser proclive a la locura, al borde siempre de un ataque de nervios. Tanto el monólogo dramático como los dos cuentos muestran que la supuesta o declarada alienación de la protagonista está causada por fuerzas que la superan, y que volverse loca puede constituir una reacción razonable en ciertas circunstancias. Los estudios feministas han destacado la importancia en la literatura femenina de la figura de la loca cuerda, viva o no en el desván; las obras de Albert, Burgos y Rodoreda proveen tres ejemplos más de tal personaje.

La locura de Nela en "La infanticida" es declarada por una acotación del texto según la cual "té l'esguard extraviat, de boja"(41). Pero tanto ésta como el monólogo explican que lo que la ha llevado al manicomio ha sido un conflicto irresoluble. Soledad, en "El honor de la familia", también se comporta como una mujer alienada, privándose de comer por miedo a ingerir un abortivo introducido por la tía abuela. La obsesión de esta vieja por el honor de la familia se caracteriza como más demente que la conducta de Soledad, razonable por otra parte bajo las circunstancias.

La protagonista rodorediana presenta sus propios síntomas de enajenación. La camarera dice que hablaba consigo misma, y que "M'ha mirat d'una manera molt estranya, com si baixés de la lluna. Per mi no hi és tota" (114). Su violento rechazo de los hombres parece propio de una loca. Pero los lectores están enterados del infanticidio y no aceptan la interpretación de la camarera; naturalizan la reacción extremada como un efecto del terrible acto que acaba de cometer. Cuando posteriormente el texto provee el dato de su violación, el ataque a los acosadores parece aún más justificado. Los textos de Albert, de Burgos y de Rodoreda representan a mujeres que otros califican de locas y los tres se encargan, todos a una, de contextualizar y deconstruir el trastorno.

La mirada es otro elemento fundamental en la caracterización de los protagonistas—tanto las mujeres de las obras breves como el hombre de la novela de Julió. Las mujeres son objeto constante de escudriño por parte de un mundo hostil o de un hombre deseante. La protagonista del cuento de Rodoreda, "Divendres", está observada por el viejo metemuertos mientras da de mamar y a la noche cae nuevamente bajo su escrutinio. Ha vuelto a descansar bajo el puente, y está desgranando los recuerdos de la violación cuando el hombre se le acerca, asustándola. Una descripción naturalista la convierte en animal acorralado: "El cor li batia: unes palpitacions brusques, desordenades, de bèstia presa i espantada" (117). Otra vez insensible a la reacción que ha provocado, este representante del orden patriarcal se queda un rato reprendiéndola: "Val més que te'n vagis a casa. La criatura se't deu estar esgargamellant, i tu aquí". La reduce a la categoría asignada a las mujeres jóvenes que andan solas en la noche: "Et pensis que no sé què esperes?" (117) En el café, tanto la camarera como la dueña la habían catado, y los hombres se le lanzaron encima porque la vieron tocándose el pecho—dolorosamente hinchado de leche—, debajo de la blusa. La gran ironía de este cuento, donde todos compiten por mostrar menos piedad hacia la protagonista, es la abundancia de leche—de la clemencia—, que ella mana. Esta plenitud láctea merece cuatro menciones en muy pocas páginas, sugiriendo que es un elemento clave para el desciframiento del cuento: el mundo, impío y acechante, no es como tendría que ser.

La mirada se deja sentir de otra manera en las obras de Albert y de Burgos, pero tiene el mismo efecto controlador. Las protagonistas temen que haya ojos escrutinadores que divisen el abombamiento de su silueta. Al recalcar discursivamente este miedo, se subrayan al mismo tiempo la rutinaria objetivación de la mujer y su particular indefensión durante la gravidez. Encerrada literal y figurativamente en un panóptico, Nela comienza su monólogo quejándose del público mirón que tiene delante:

> Què hi fa, aquí, tanta gent? . . . Ja m'ho pensava . . .
> Sempre, sempre el mateix! . . . Podien dir-me
> que un cop ja fos a dins d'aquesta casa
> ningú més me veuria . . . Era mentida . . . (42).

Le molesta porque lo que más quiere es estar invisible, para que el padre no la pueda encontrar y degollar. Su mayor preocupación durante el embarazo era esquivar la mirada: "Que em miressin només, tornava roja,/ . . . Me temia que tots ho descobressin" (50). "I jo, pobra de mi, com arreglar-me/ perquè mai se veiés? . . . Si era impossible!" (51). Recurre a medidas brutales: "No hi va valer estrenye'm la cotilla/fins a gitar i tot sang per la boca" (53). En el cuento de Burgos, Soledad tiene que disimular su forma para entrevistarse con el cardenal que decidirá si se la admite al convento; hacer "esfuerzos supremos por [. . .] dar a su talle la esbeltez de otros tiempos" (15).

No sorprende que el observador en la novela de Julió sea el varón protagonista. Su afición ocular le habilita para ser testigo del desastre, pero también ha provocado la ruptura de su matrimonio, una de las células del cuerpo social cuya desintegración se narra. *Memòries* exige una lectura cuasi alegórica, porque las acciones individuales son eso pero también representan tendencias universales; abundan las metonimias. La mirada, por ejemplo, funciona como metonimia del deseo, y la desaforada persecución del objeto visto y codiciado es el desencadenador de la calamidad. El caso de Joan es una perfecta *mise en abîme* de esta conducta: un día ve a una muchacha en biquini que le parecía una estrella de cine; el afán de conseguirla le lleva a disolver su matrimonio.[12]

La voz narrativa es tan fundamental como la caracterización en la construcción del texto literario y en la conquista del público. ¿Quién emite el enunciado que es el texto? ¿Es fiable, simpática? ¿Ha participado en los sucesos narrados? Los cuentos innovan poco, narrando en tercera persona omnisciente, con variaciones de registro. La voz de "El honor de la familia" es atropellada, repetitiva, ampulosa, es decir, melodramática. La omnisciencia es total: se cuenta hasta la masturbación nocturna de Soledad. Estas cualidades no sorprenden en un texto escrito para una serie popular sin pretensiones literarias. La voz de "Divendres" es más reservada y objetivista, como cabría esperar de un texto redactado a finales de los cuarenta por una escritora que aspiraba a "fer contes que faran tremolar Déu" y cuyo "amor" en el género era Katherine Mansfield.[13]

En el texto escrito de "La infanticida", la voz de Nela es complementada por las acotaciones. Estas indican cómo la protagonista tiene que comportarse y afirman su trastorno. Esta falta de ambigüedad convierte a Nela en representante de una clase de mujer muy estudiada en esos años: la histérica. Escenificar el monólogo de una alienada es convertir en arte los famosos experimentos de Charcot, que también se habían desarrollado delante de espectadores.[14] Para Albert, escribir otra versión de estas pruebas reporta dos beneficios. Por asociación con el discurso científico, da al suyo literario algo más de autoridad. Pero también le permite rehacer los experimentos, dejando hablar a Nela y de esa manera matizando su locura. La autora no permite al público el placer distanciado del mirón que observa el ataque histérico sin saber sus posibles causas, sino que le hace partícipe del desconcierto que llevó a Nela a matar a su "pobra filla del cor!" (55).

En *Memòries d'un futur bàrbar*, también hay dos voces narrativas, ambas de Joan. Una transmite la Historia (con mayúscula) de la debacle tal como él la observó, y la otra, sus propias experiencias; es una historia con minúscula. Se alternan capítulos de diario y de Historia hasta el capítulo XX, donde termina el relato de la Historia. En los últimos capítulos se confunden diario e historia, porque lo que se narra son los últimos días de *homo sapiens* y del hombre Joan, ya identificados. La decisión de narrar la Historia en primera persona es sorprendente, pero acertada. Esta voz sirve para involucrar a los lectores, de la misma manera que el registro naturalista-melodramático de los textos más tempranos. El yo que describe los sucesivos derrumbamientos en *Memòries* se hace simpático al público lector. A pesar de los errores de juicio de Joan, sus depredaciones nunca fueron extremas, y cuando percibe la magnitud del desastre, empieza a metamorfosearse. Se vuelve impotente, y empieza a responsabilizarse de los demás, o sea, a desempeñar el rol que se ha identificado como femenino.

Las cuatro obras examinadas aquí narran historias de una reproducción embrollada o frustrada, y ofrecen una interpretación parecida de las causas del fracaso. En las obras tempranas, de Albert, de Burgos y de Rodoreda, los embarazos indeseados resultan del radical desamparo de la mujer joven. En un mundo acechante, y sin madre que vele por ella, es presa fácil de las aves rapaces. Soledad, en el cuento de Burgos, se salva en parte porque su hermana asume el papel de madre protectora. Pero también tiene estudios y puede ganarse la vida, mientras que las dos infanticidas descritas en las obras de Albert y de Rodoreda son de clase más humilde, y no tienen esta salida.

Sin esperanza, amenazada, sin arte ni parte en el futuro, cada una decide matar a su hija, y así evitarle la vida de desvalimiento que previsiblemente le tocaría como mujer.[15]

El hombre tiene un papel lamentable en los textos breves. Los jóvenes son donjuanes o violadores. Los mayores—el padre de Nela, el cardenal y su acólito, el viejo fisgón—, son puntales de instituciones patriarcales y cargan con otra culpa. En su afán por hacer acatar las normas reproductivas, se han olvidado de la obligación moral de ayudar a los necesitados. En la novela de Julió, uno de los grandes temas es la inmoralidad del hombre, que vive persiguiendo lo que codicia y no lo que le incumbe.

Las escritoras de estas obras se sirven de la reproducción para criticar una sociedad inmisericorde, antivitalista e injusta, en que las mujeres tienen que renunciar a su futuro o a su prole. Los setenta y siete años que separan "La infanticida" de *Memòries d'un futur bàrbar* fueron pródigos en cambio; hay un abismo entre la España miserable de comienzos del siglo y la del último lustro del dictador. Y sin embargo, en 1975 seguían prohibidos los anticonceptivos y el aborto, y todavía le caía a la mujer cargar con "les conseqüencies nefastes de la realitat". En la transición y la democracia se promulgaron leyes que igualan los derechos de hombres y mujeres, pero no se puede cantar victoria. Las prácticas sociales respecto de la familia han evolucionado tan poco como la voluntad comunitaria de ayudarla. Juzgando por la narrativa femenina de los noventa y por el bajísimo índice de natalidad en España, hasta que se produzcan esos cambios, las mujeres españolas seguirán usando la reproducción para criticar el mundo que las rodea.

NOTAS

1. Citada en Suleiman, 365.
2. Los inmigrantes proveen una solución demográfica por vía doble. Al establecerse en España, aumentan la población, pero además—porque la mayoría llega a España en el periodo de mayor fertilidad, entre los 25 y los 34 años—, tienen una tasa de natalidad más alta que los españoles. Ver Barceló, Corbella.
3. Alvarado i Esteve 18–19. "La infanticida" ganó los Jocs Florals d'Olot de 1898.
4. Se publicó en la serie El Cuento Semanal. Le agradezco a Lynn Thomson Scott la gentileza de proporcionarme una fotocopia de "El honor de la familia". Scott analiza con gran agudeza otros aspectos de este cuento en el capítulo V de su tesis doctoral, "Carmen de Burgos: Piecing a Profession, Rewriting Women's Roles", de la que fui directora.
5. Albert subraya en las acotaciones que "Tant en la disposició de l'escena com en tot lo relatiu al personatge deu imperar el més absolut realisme" (41), pero ni el lenguaje ni el relato de Nela son "realistas".
6. Publicado por primera vez en *La Nostra Revista* 1.10 (15 de octubre de 1946). El título tan preciso y la naturaleza de la anécdota hacen sospechar que este cuento es la ficcionalización de una noticia leída en un periódico. Uno encuentra cierto apoyo

a esta hipótesis en una carta de Rodoreda a Anna Murià en la cual le comenta un relato que debe ser este mismo: "vaig escriure un conte molt bo, 'Dimecres, 19 de Juny', tret d'un fet divers" (*Cartes,* 74).

7. Vale la pena subrayar lo acertado de la visión del futuro reproductivo presentada en *Memòries*. En los últimos años varios estudios científicos han coincidido en señalar la disminución de la calidad seminal ("Sperm"). La Organización Mundial de la Salud ha modificado los estándares de normalidad en este rubro, de 80 millones de espermatozoides por centímetro cúbico en la década de los 80, a 40 millones en los 90 y 20 millones en la actualidad (Zariqiuegui).

8. Esta frase aparece en el cuento "Nocturn", publicado en *Vint-i-dos contes* (1958). Es ostensiblemente el título de un ensayo comenzado en las precarias condiciones del exilio por el protagonista, un varón tan pretencioso como maladaptado a la vida real. Pero la temática del cuento—el parto de su sufrida mujer, evidentemente mayor y que ya le ha dado tres hijos al esposo—sugiere que la frase se refiere sobre todo a las consecuencias del coito, tan funestas para la mujer.

9. Citado en Louis, 98.

10. Nos recuerda el título de la gran novela de Albert, *Solitud*, publicada bajo su seudónimo de Víctor Català. La protagonista, Mila, también se caracteriza por la profunda soledad en la que vive, a pesar de estar casada.

11. "La gran obra de Doña Solita tenía en Soledad su continuadora para vivir como vivieran sus mayores, sin admitir nada de progreso en las ideas que les habían bastado á ellas para ser grandes y felices. Se había de perpetuar todo como sus padres lo dejaron" (3).

12. "Ens veiém, per primera vegada, en una platja[. . . .] Ni sé qui ens presentà, només recordo que portava un biquini de color de maduixa, i que semblava que s'hagués escapat d'un film en *technicolor* (confesso que aquesta idea em vingué quan algú comentà que era actriu)" (27).

13. *Cartes*, 70–72. Añade los nombres de otros escritores: Chekof, Steinbeck, Hémon, Katherine Anne Porter y Dorothy Parker. Carta a Anna Murià fechada el 13 de marzo de 1946 (*Cartes*, 70–72).

14. Jo Labanyi nota que "a Spanish translation of Charcot's famous study of hysteria *Lecciones sobre enfermedades del sistema nervioso* was published in 1882" (203). Escenificar el monólogo es también adelantarse a los descubrimientos de Freud sobre el valor del habla en el tratamiento de los trastornos.

15. En su estudio de la maternidad, Silvia Finzi Vegetti postula que por parte de la madre es una sensación de profunda alienación frente al nonato lo que la lleva a matarlo: "in extreme cases, only death can overcome this estrangement, obliterating the emptiness with nothingness. For this reason, the combined act of infanticide and suicide, which in a very few instances is the result of the most acute form of this depressive syndrome, is experienced by the mother as a supreme gesture of love" (126).

OBRAS CITADAS

Albert, Caterina/Víctor Català. *La infanticida i altres textos*. Barcelona: laSal, 1984.
Alvarado i Esteve, Helena. Introducció. "Víctor Català/Caterina Albert o l'apassionament per l'escriptura". In Albert /Català, 9–35.
Barceló, José Luis. "España, residencia geriátrica". *El semanal digital*, 30 abril 2004. http://www.elsemanaldigital.com/artículos.asp?idarticulo=15473.
Burgos, Carmen de. *El honor de la familia*. El Cuento Semanal 238. Madrid: El Cuento Semanal, 21 de julio de 1911.

Corbella, Josep. "Los hijos de los inmigrantes son los únicos que hacen subir la natalidad en Cataluña". *La Vanguardia digital.* 30 de octubre de 2002. http://wwwd.lavanguardia.es.
Finzi, Silvia Vegetti. *Mothering: Toward a New Psychoanalytic Construction.* Trad. Kathrine Jason. New York: Guilford, 1996. Trad. de *Il bambino della notte: Divenire donna Divenire madre.* Milan: Mondadori, 1990.
Julió, Montserrat. *Memòries d'un futur bàrbar.* Barcelona: Eds 62, 1975.
Labanyi, Jo. *Gender and Modernization in the Spanish Realist Novel.* New York: Oxford University Press, 2000.
Louis, Anja. "Melodramatic Feminism: the Popular Fiction of Carmen de Burgos". In *Constructing Identity in Contemporary Spain,* ed. Jo Labanyi. New York: Oxford University Press, 2002. 94–112.
Nichols, Geraldine C. "*No parirán:* Resisting Orders in Postwar Spain." *Revista de Estudios Hispánicos* 40 (2006): 283–95.
———. "Procrear, pro y contra: narrativa femenina y cultura española de los 90". In *Mujeres novelistas: Jóvenes narradoras de los noventa,* ed. Alicia Redondo Goicoechea. Madrid: Narcea, 2003. 191–207.
Percovich, Luciana. "Posiciones amorales y relaciones éticas". In *Figuras de la madre,* ed. Silvia Tubert. Madrid: Cátedra, 1996. 225–58.
Rodoreda, Mercè. *Cartes a l'Anna Murià: 1939–1956.* Barcelona: laSal, 1985.
———. "Divendres 8 de juny". *Tots els contes.* 3ra ed. Barcelona: Eds 62, 1984. 112–18.
———. "Nocturn". *Tots els contes.* 3ra ed. Barcelona: Eds 62, 1984. 123–30.
———. *La plaça del Diamant.* 1962. Barcelona: Club Editor i Kapel, 1984.
Scott, Lynn Thomson. "Carmen de Burgos: Piecing a Profession, Rewriting Women's Roles". Diss., University of Florida, 1999.
"Sperm counts falling". *Gainesville Sun,* 2 February 1995: 4A.
Suleiman, Susan Rubin. "Writing and Motherhood". In *The (M)other Tongue,* ed. Shirley Nelson Garner, Claire Kahane y Madelon Sprengnether. Ithaca: Cornell University Press, 1985. 352–77.
Zariquiegui, Pablo. "El número de espermatozoides se ha reducido a la mitad en 15 años". *La voz de Asturias* 24 de abril de 2004. http://www.lavozdeasturias.com/noticias/noticia.asp?pkid=125582.

8. Mothers and Daughters in Transition and Beyond

Emilie L. Bergmann

The maternal role, so commonly identified with gender norms for women, is such a culturally contested space, a notoriously "vexed" category, that it is no surprise that relationships between mothers and daughters are fraught with vexation, guilt, self-loathing, and the profoundest love of self and other. Whether or not she becomes a mother, a woman continues to be a daughter throughout her life, forming her sense of herself as a woman in the mirror of her relationship with the woman or women who nurture her. This process differs from the way in which male identity is developed in terms of difference and separation from the maternal, and this asymmetry makes it difficult to perceive mothers and, by extension, women in general as autonomous subjects with desires of our own. In addition, the apparently universal condition of daughterhood is as culturally constructed as gender itself, subject to historical changes in the social status of women.

While the mother-daughter relationship underlies much of women's writing, it is also one of the most difficult topics for women to write about, in part because of the complexity of the relationship between language, culture, and the maternal feminine, a key question in feminist psychoanalytic and poststructuralist theorizing. Laura Freixas, in her anthology *Madres e hijas* (1996) notes the paradoxical "contraste entre la importancia, la riqueza, la universalidad de la relación madre-hija, y su escasísima presencia en la literature" (11). Although the topic seems an obvious one, the development of twentieth and twenty-first century Spanish women's writing about mothers and daughters has been the rare product of painful processes of self-knowledge.

In her article on mothers and daughters in contemporary Spanish fiction by women, "The Female Symbolic," Christine Arkinstall refers to Luce Irigaray's argument that sophisticated philosophical models of knowledge depend upon an unacknowledged foundation of an "unsymbolized" maternal-feminine. The mother-daughter relationship lacks significant mythic or iconic symbolism and social structures, according to Irigaray, and maternal genealogies are excluded from cultural traditions (Whitford, 75–77). A version of Irigaray's concept of the "female symbolic" that has been influential in Spain is Italian feminist philosopher Luisa Muraro's argument that what is crucial for daughters' achievement of autonomy is not rejection of the maternal, but acceptance of the authority of the mother, precisely the kind of authority denied by the dominant culture (9).

The novel as genre develops a narrative of separation from the maternal feminine in which the self is forged in interaction with society. Thus, the self-fashioning of the orphan, set adrift in society to find a place for himself or herself, is a commonplace of the nineteenth-century bildungsroman. Nancy Chodorow's influential psychological research, which explains how the mother-daughter bond produces blurred ego boundaries and an identity framed in mutual dependency, provides a framework for critical approaches to the repression of the maternal in the interest of ego formation. For Carol Gilligan, the mother-daughter bond produces a sense of connection with others that is fundamental to moral development, but in both Gilligan's and Chodorow's research, it is also an obstacle to female autonomy. What appear to be universal observations about gender in accounts of psychological development, however, are framed by cultural contexts. The limitations of these groundbreaking studies in terms of race, class, national culture, and historical context have become visible in the decades since their publication. Similarly, in Spanish women's writing, representations of relationships among women have changed along with women's place in society. A rapprochement among generations of grandmothers, mothers, and daughters became possible after the death of the *caudillo* in 1975 and the formation of a new Spanish state with an awareness of its repressive history.

This discussion of the ways in which recent generations of Spanish women have written about mothers and daughters is by no means intended to be exhaustive. In her valuable study of mother-daughter relationships, Arkinstall surveys a wider chronological range of texts, beginning in the 1940s, against a detailed account of legislation affecting motherhood in Spain. Her key texts are Rosa Chacel's *Memorias de Leticia Valle* (1945), Mercè Rodoreda's posthumous *Isabel y María* (1991), Esther Tusquets's *El mismo mar de todos los veranos* (1978), and Carmen Martín Gaite's *Nubosidad variable* (1995). The texts that suggest a maternal genealogy here were authored by the generations of women whose childhood memories were of the Second Republic and Civil War, and those who were aware of the silenced voices of that generation and sought to reconstruct the lives of their mothers and grandmothers. I have chosen fiction and memoirs by Carmen Martín Gaite and Soledad Puértolas as central examples, with comparative glances at Montserrat Roig, Ana María Moix, Esther Tusquets, Nuria Amat, and Maria Mercè Roca.

The ambiguity of the term "transition" (*transición*) in the title of this chapter suggests my argument: that political context has had a significant impact on the way Spanish women write about motherhood. Although Arkinstall notes that mothers were often represented in the first decades of the dictatorship as "repressive figures who, having internalised patriarchal mores, become the defenders and transmitters of an oppressive system," she also finds that a principal theme is the "elegy for the missing mother" (52). Her examples range from Carmen Laforet's *Nada* (1944) and Eulalia Galvarriato's little-known *Cinco sombras* (1947) to Elena Quiroga's *Escribo tu nombre* (1965) and Rosa Chacel's *Memorias de Leticia Valle*, published in Buenos Aires in 1945 but not widely available to Spanish readers until its republication in Barcelona in 1971.

The political protest and sexual liberation of the 1960s opened a chasm between rebellious daughters and mothers still burdened with the responsibility of raising them to live within the narrow constraints of the Franco dictatorship. Women's rights of citizenship were still more than a decade in the future. The legal rights that U.S. women have taken for granted, such as the ability to obtain a passport, travel, and sign contracts—in other words, to exist as persons in the legal sense—were granted briefly to Spanish women under the Second Republic in the 1930s and finally reinstated in the 1978 constitution; after nearly fifty years, divorce became legal again in 1981. The absurdity of such limitations on mentally capable adults was highlighted in Lidia Falcón's *Cartas a una idiota española* (1974). These legal constraints created a state of dependency that shaped Spanish women's lives and self-image and deeply affected their relationships with their children. Carmen Martín Gaite and Montserrat Roig, despite their age difference of twenty years, share a concern for the failure of communication between generations of women with vastly differing experiences of what was possible for women in Spanish society. In 1987 Carmen Martín Gaite dedicated *Usos amorosos de la postguerra:* "Para todas las mujeres españolas, entre cincuenta y sesenta años, que no entienden a sus hijos. Y para sus hijos, que no las entienden a ellas." She wrote "hijos" and not only "hijas" because sons were also adjusting to these new parameters for women, and needed to understand their mothers' far more restricted lives. Women's political enfranchisement in the late 1970s led to a "proliferation of texts engaged in recovering women as political subjects," both historical and fictitious, and, as Arkinstall points out, "The early 1990s witnessed a greater impetus to rewrite myths pertaining to mothers and daughters... a more recent development has been a demythification of maternal stereotypes" (70). What stands out in this writing is a departure from the stereotypes of motherhood and a tendency toward closer observation of mothers as autonomous, imperfect, even defiantly eccentric, as in Imma Monsó's *Tot un caràcter* (2001).

In the changing political and cultural climate of the past twenty years, Spanish women have written from their experiences as mothers, and created empathetic images of mothers in fiction and memoir, in contrast to a long tradition of depictions of oppressive mother figures. Ana María Moix and Esther Tusquets picture the protagonists' mothers in *Julia* (1969) and *El mismo mar de todos los veranos* (1978) as powerful, distant, and rejecting. In Tusquets's case, the castrating mother is a Nordic "diosa altiva" who frustrates the nameless protagonist's longing for symbiosis, which is imagined as preceding and transcending language. The abjected daughter in *El mismo mar* suffers doubly as her own daughter aligns herself with her mother. The protagonists' unhappiness and their frustrated attraction to women in *Julia* and *El mismo mar* are framed in terms of castration and traced to inadequate mothering. It is useful to read these novels, written in response to 1970s French feminist theory, in light of Barbara Johnson's demystification of the "phallic mother." Johnson points out that the ideal of "perfect reciprocity, perfect knowledge, total response" that constitutes the "phallic mother" is not the representation of a lost reality; rather, that figure is constructed in response to the recognition of loss that psychoanalytic theory terms "castration." "The perfect fusion of mother and child never existed even in the womb," she argues (87), an observation that is corroborated by Carme Riera's account of her pregnancy, *Temps d'una espera* (1998).

In apparent contrast to the powerful, rejecting, and castrating mothers of Moix's and Tusquets' novels, the protagonist's mother in Maria Mercè Roca's little-known novel *Els arbres vençuts* (1987) is distant not because she is powerful, but because she has suffered a breakdown. Hollowed out over the years like the trees in the town square that were blown down in a storm, this mother lost her sense of self in a love affair with a man who immediately forgot her. After her death, her daughter uses her letters and diaries to piece together the narrative of her mother's life while struggling to free herself from the seduction of her mother's passive role. She writes her own story in a new political and social environment.

With a wider range of reproductive and professional choices, women writers were able to perceive their mothers in a larger context, beyond that of the family that reproduced a politically and sexually repressive society. This recognition prompted a search for the woman who existed before she became a wife and mother, particularly when the mother had come of age during the period in the 1930s in which women had the rights of citizenship. A central question in fiction and historical research has become the roles and experiences of women in the midst of the liberation and sectarian conflicts of the Second Republic and Civil War, as well as under the repressive conditions of the dictatorship. Montserrat Roig's trilogy, *Ramona, adèu* (1972), *El temps de les cireres* (1977), and *L'hora violeta* (1980), exemplify this awareness of the unvoiced desires and conflicts of older generations of Spanish women. More recent texts in that project of historical recovery are Josefina Aldecoa's *Historia de una maestra* (1996), in which the "maestra" in the title is a fictionalized version of Aldecoa's mother, and Dulce Chacón's *La voz dormida* (2002), a novel based on Tomasa Cuevas's *Cárcel de mujeres, 1939–1945* (1985). Imaginatively bridging the genres of history, memoir and fiction, these works place women, including mothers and daughters, in the landscape of Spanish political history in the twentieth century.

While significant political changes in the Spanish state allowed mothers greater personal autonomy, more recent changes have made possible the envisioning of new maternal roles within the family in society, and different perspectives on the relationships between mothers and daughters. For women writers, in Spain and elsewhere, the "recent evolution of feminist thought" has undergone what Jessica Benjamin terms "a process resembling psychoanalysis":

> the transference to the preoedipal mother has "returned" many feminist thinkers, as mothers and daughters, to the deep conflicts that had been evaded by the idealization/defiance of the father. It faced them with the struggle for recognition, the problem of destruction and survival, the confrontation with imperfection, the conflict between idealizing the other and having one's own desire. (109)

Benjamin writes of attempts to define a space in which "a mother might be represented who can play with her child and thus be recognized 'most fully as a subject—autonomous and free . . . ,' a mother who can open up the symbolic space of play" (111, quoting Suleiman, 180). For Spanish-speaking readers, Susan Suleiman's image may evoke a verse of a children's song with many regional variants, "Arroz con leche." The one requirement for the prospective wife described in the song is "que sepa abrir la puerta para ir a jugar." In a series of essays and novels from the mid-1970s through the 1990s, the eminently playful Carmen Martín Gaite imagines motherhood as potentially autonomous, creative, and nurturing for both mother and child (See Chisholm, "Maternal-Filial Mirroring" and "Maternal Voice"). In response to the fears that Benjamin and Suleiman describe as characteristic of women writers—that their writing itself will damage their children or even place their lives at risk—Martín Gaite explores separation and attachment in the family, and imagines a wide range of alternatives involving new arrangements of space and time.

A central structuring principle of Martín Gaite's essays and fiction is the dialogic nature of language and narrative. The interlocutors in her fictional dialogues are rarely mothers and their children; rather, the relationships are oblique, displaced from the intimate intensity of parent-child dyads. In *Retahílas* (1974), for example, a young man spends a long night in conversation with his dying aunt, who explains the dichotomy between feminism and motherhood that constrained her as well as her sister. Conventional domesticity continues to render women useless as mentors to their children in *Caperucita en Manhattan* (1990), in which the mother is a caricature of domesticity and overprotectiveness. Martín Gaite chooses no less a crone figure than the Statue of Liberty herself. In her later fiction, Martín Gaite's female characters struggle to balance their creative vocations and professional careers with child-rearing and family life. The protagonist of *Lo raro es vivir* (1996) is an archivist. Her ability to impersonate her deceased mother and to resolve her long-held resentment of her mother's autonomy coincides with her own conception of a child. To claim her own autonomy, she must embrace the independence as well as the "symbolic authority" exemplified by her mother, a successful painter.

In *El cuarto de atrás* (1978) Martín Gaite signaled a revisionist view of the mother-daughter relationship in her brief narration of her mother's support, despite opposition from her own mother, of Carmen's plans to study "abroad" in Portugal. *El cuento de nunca acabar* (1983) proposes a form of narrative theory based on the author's experiences with storytelling as child and as mother. In an italicized section titled "Ruptura de relaciones" (295–301), drawn from her diary entry from the summer of 1964, the author recollects a remarkable dialogue with her daughter in which they explore the nature of artistic representation. The most startling interweaving of mother-daughter relationships with writing is, however, the "Apéndice arbitrario" in Martín Gaite's collection of essays on women's writing, *Desde la ventana* (1987; see Pope et al. and Bergmann). Her oneiric vision of communication with her mother in *Desde la ventana* envisions an arcane, playful language, a "female symbolic" perhaps, passed from mother to daughter:

> Anoche soñé que le estaba escribiendo una carta muy larga a mi madre para contarle cosas de Nueva York, pero era una forma muy peculiar de escritura.... lo que hacía no era propiamente escribir, sino mover los dedos con gestos muy precisos para que la luz incidiera de una forma determinada en un espejito como de juguete que tenía en la mano y cuyos reflejos ella recogía desde una ventana que había enfrente, al otro lado del río. Se trataba de una especie de código secreto, de un juego que ella había estado mucho tiempo tratándome de enseñar... Y la felicidad que me invadía en el sueño no radicaba sólo en poderle contar cosas de Nueva York a mi madre y en tener la certeza de que ella, aun después de muerta, me oía, sino también en la complacencia que me proporcionaba mi destreza, es decir, en haber aprendido a mandarle el mensaje de aquella forma tan divertida y tan rara, que además era un juego secretamente enseñado por ella y que nadie más que nosotras dos podía compartir.
> (*Desde la ventana*, 113–14)

What gives Martín Gaite the greatest happiness in the dream is the sharing of a secret code with her mother. Still enjoying the role of daughter, Martín Gaite is pleased to see how well she has learned to communicate using this "forma tan divertida."

It is telling, nonetheless, that so many women write their sympathetic portrayals of maternal figures in their mothers' absence, when the resonance between maternal body and voice has been silenced not by cultural restrictions but by death. Montserrat Roig's *L'hora violeta* (1980) relates a daughter's search for her mother more than a decade after her death, drawing upon the resources of memory, imagination, and friendship. The daughter enlists the help of a friend to write a novel about her mother and her friendship with a politically and sexually liberated friend who committed suicide at the end of the Civil War. The narrative of this process of creation of a narrative reflects upon women's conflicted relationships with men and with each other, and their participation in political movements.

While Roig wrote in Catalan about bourgeois women of her neighborhood, the Eixample, Nuria Amat writes in Castilian about the isolated, disappearing world of Barcelona's most privileged women. Having lost her own mother in childhood, Amat has written two novels haunted by the early death of a mother: *La intimidad* (1997) and *El país del alma* (1999). In *El país del alma*, the death of the protagonist's mother's and her own death, foreseen throughout the novel, infuse the narrative with a sense of impermanence. Nena Rocamora's poetry is in the form of private and limited communication, a barely-audible voice. In *La intimidad*, the mother has already died at the beginning of the novel, and her children grow up in the shadow of her absence.

Soledad Puértolas's portrait of her mother presents a strong contrast to the nostalgia evoked by a young girl's loss of her mother in Nuria Amat's autobiographical fictions. The first sentence of Puértolas's memoir, *Con mi madre* (2001), gives the date of her mother's death in 1999, and the next frames her memoir in terms of this loss. There was already an unrelenting honesty in Puértolas's hypothetical portrait of a woman "on the run" from love and the process of aging, confronting her mother's death in "La hija predilecta" in 1996. The honesty of this fictional construct, however, is of an entirely different order from that of the memoir prompted by her mother's death in 1999. What might appear to be minor oversights between friends or acquaintances are enormous burdens of guilt between mother and daughter, irreparable because the author never spoke of them with her mother. Puértolas recalls her mother's visit to her in California during the last weeks of her first pregnancy, and the change in her mother at the prospect of returning to Spain instead of staying for a month to help her daughter with her new experience of motherhood: "Más que un cambio, una revelación . . . Necesitaba una ilusión, la de poder ayudar a su hija en el cuidado del primer hijo, su nieto" (*Con mi madre*, 92). She remains tormented by this memory of being unable to respond adequately to the needs of her mother while anticipating those of her son, born a few days later. What follows this passage is a narrative from a later time, exemplifying the mother's and daughter's ability to understand and acknowledge each other's feelings. Instead of expressing the belief that her mother understood her completely, or should have, Puértolas writes with profound gratitude for her mother's willingness to apologize for not having understood her: "Mi madre no me vio ni mi oyó llorar, pero lo supo. Supo que cuando colgué el teléfono no me sentía ofendida, sino dolida. Vino a casa el domingo por la mañana . . . traía un ramo de flores en la mano. . . . Se aferraba al ramo de flores como si fuera un bastón. Hija mía, dijo, perdóname" (95). What is left out by my ellipsis is significant: a detailed description of her aging mother's difficulty in walking and in making decisions. Despite the silences she describes, the unspoken forms of communication between Puértolas and her mother are extraordinary; they reflect precisely the kind of intimate shared knowledge mothers and daughters desire and often expect from each other, and only rarely achieve.

Puértolas writes about her mother's strength of character and her own commitment to take responsibility for her, and to conduct her life with mindfulness of her mother's legacy: "No sé en qué momento creí percibir que no era feliz. No me sentí culpable, sino triste, dolida" (77). This empathy is clearly an adult response to another adult woman, rather than the childish expectation that the mother will respond fully to the child's needs, requiring nothing in return. In writing about this woman with whom she was very close throughout her life, Soledad finds that while she has come to understand her mother, she still feels that she never really knew her: "Siempre he creído comprender a mi madre, pero nunca he sabido hasta qué punto la conocía" (77). We know the constraints under which she lived, but what were the resources upon which she drew in order to thrive and nurture a creative daughter in a stiflingly repressive environment?

Alice Walker's remarkable volume of essays, *In Search of Our Mothers' Gardens*, was published in 1987, the same year as Martín Gaite's memoir of her mother in *Desde la ventana* and *Usos amorosos de la posguerra*. Walker writes of her mother's creativity, which found its outlet by making flowers grow wherever she lived. But this is no sentimental memoir; it traces in outraged imagination the frustrated artistic energy of generations of young women. Walker quotes Virginia Woolf: "When . . . one reads of a witch being ducked, of a woman possessed by devils, of a wise woman selling herbs, or even a very remarkable man who had a mother, then I think we are on the track of a lost novelist, a suppressed poet." Walker goes on to say, "Our mothers and grandmothers have, more often than not anonymously, handed on the creative spark, the seed of the flower they themselves never hoped to see: or like a sealed letter they could not plainly read" (241). Because the feminine is traditionally associated with nature and the body, in contrast to the association of the masculine with abstract reasoning and mind, it is important for women writers to explore ways to inscribe their mothers into written culture. It is interesting to note that, like Lily Briscoe in Virginia Woolf's *To the Lighthouse*, the protagonists' mothers in Martín Gaite's *Lo raro es vivir* and Imma Monsó's *Tot un caràcter* are painters, exemplifying female creativity and exclusion from privileged forms of language. The protagonist's mother in Roig's *L'hora violeta* is a musician; her daughter's attempt to write her life is imagined as the music she never composed.

Underlying women's writing about their mothers is the sense of loss and absence haunting the words before us, the sense that there was another story, another poem that was not written. While all writing is haunted by absence, the daughter's words in particular resonate with their inability to compensate for another generation's loss of the feminine voice. In place of stereotypes of strong, forbidding mothers, mothers who capitulate and attempt to imprint upon their daughters the Law of the Father, and mothers who are crushed by that implacable law, new images continue to emerge, of mothers who are too eccentric, too full of life and creativity to be limited by stereotypes, mothers whose daughters are beginning to take the risk of speaking as mothers and confronting the imperfections and the fulfillment of relationships with their own mothers.

WORKS CITED

Arkinstall, Christine. "Towards a Female Symbolic: Re-Presenting Mothers and Daughters in Contemporary Spanish Narrative by Women." In *Writing Mothers and Daughters: Renegotiating the Mother in Western European Narratives by Women*, ed. Adalgisa Giorgio. New York: Berghahn, 2002. 47–84.
Benjamin, Jessica. *Like Subjects, Love Objects: Essays on Recognition and Sexual Difference* New Haven: Yale University Press, 1995.
Bergmann, Emilie L. "Narrative Theory in the Mother Tongue: Carmen Martín Gaite's *Desde la ventana* and *El cuento de nunca acabar*." In *Spanish Women Writers and the Essay: Gender, Politics and the Self*, ed. Kathleen Glenn and Mercedes Mazquiarán de Rodríguez. Columbia: University of Missouri Press, 1998. 172–97.
Chisholm, Kimberly Ford. "Maternal-Filial Mirroring and Subjectivity in Carmen Martin Gaite's *Lo raro es vivir*." In *Carmen Martin Gaite: Cuento de nunca acabar/Never-Ending Story*, ed. Kathleen M. Glenn. Boulder, Colo.: Society of Spanish and Spanish-American Studies, 2003. 109–27.
———. "Maternal Voice in the Fiction of Carmen Martín Gaite." Diss., University of California, Berkeley, 2001.
Chodorow, Nancy. *The Reproduction of Mothering: Psychoanalysis and the Sociology of Gender*. Berkeley and Los Angeles: University of California Press, 1978.
Cuevas, Tomasa. *Cárcel de mujeres*. Barcelona: Sirocco, 1985
———. *Prison of Women: Testimonies of War and Resistance in Spain 1939–1975*. Trans. Mary E. Giles. Albany, N.Y.: SUNY Press, 1998.
Freixas, Laura. *Madres e hijas*. Barcelona: Anagrama, 1996.
Gilligan, Carol. *In a Different Voice: Psychological Theory and Women's Development*. Cambridge, Mass.: Harvard University Press, 1982.
Johnson, Barbara. *Mother Tongues: Sexuality, Trials, Motherhood, Translation*. Cambridge, Mass.: Harvard University Press, 2003.
Martín Gaite, Carmen. *El cuarto de atrás*. Madrid: Destino, 1978.
———. *El cuento de nunca acabar*. Madrid: Trieste, 1983.
———. *Desde la ventana: Enfoque femenino de la literatura española*. Madrid: Espasa-Calpe, 1987.
———. *Usos amorosos de la postguerra española*. Barcelona: Anagrama, 1987.
Muraro, Luisa. *L'ordine simbolico della madre*. Rome: Riuniti, 1991. Trans. by Beatriz Albertini as *El orden simbólico de la madre*. Madrid: Horas y Horas, 1994.
Pope, Randolph, Amy Kaminsky, Andrew Bush, and Ruth El Saffar. "*El cuento de nunca acaba*r : A Critical Dialogue." *Revista de Estudios Hispánicos* 22:1 (1988): 107–33.
Puértolas, Soledad. *Con mi madre*. Barcelona: Anagrama, 2001.
———. "La hija predilecta." In Freixas, 117–38.
Riera, Carme. *Temps d'una espera*. Barcelona: Columna, 1998.
Roca, Maria Mercè. *Els arbres vençuts*. Barcelona: Proa, 1987.
Roig, Montserrat. *L'hora violeta*. Barcelona: Edicions 62, 1980.
Suleiman, Susan. "Feminist Intertextuality and the Laugh of the Mother." In *Subversive Intent*. Cambridge, Mass.: Harvard University Press, 1990.
Walker, Alice. *In Search of Our Mothers' Gardens*. New York: Harcourt, 1987.
Whitford, Margaret. *Luce Irigaray: Philosophy in the Feminine*. New York: Routledge, 1991.

PART V

Writing and Historical Memory in the *Transición*

9. Las narradoras y su inserción en la sociedad literaria de la transición política española (1975-1982)

Pilar Nieva de la Paz

Desde una perspectiva actual, con la distancia que permite el cuarto de siglo trascurrido, parece evidente que el inicio del período democrático en España trajo consigo una serie de realidades nuevas que configuraron un panorama socioliterario característico. El deseo de abrir una nueva era de libertades, con la paulatina desaparición de la censura, permitió que se intensificara la recuperación de buena parte de la narrativa del exilio, se publicaran novelas anteriormente prohibidas, aumentase la producción y la venta del ensayo y la novela de corte político, se produjera también un claro auge de la autobiografía y el testimonio (las experiencias de la represión franquista, el activismo político clandestino, etc.), se diera paso libre al erotismo literario, y se incrementara la producción en lenguas vernáculas, entre algunas de las novedades más relevantes.[1]

De hecho, uno de los cambios más claros que tuvo lugar entonces fue, precisamente, la renovada atención prestada por las editoriales, los medios de comunicación y el público lector hacia la obra de las escritoras, hasta el punto de repetirse por doquier la proclamación de un *boom* de la narrativa de mujeres en nuestro país. Con anterioridad, es posible señalar dos períodos en los que la presencia de las escritoras en la sociedad literaria tuvo una cierta relevancia durante el siglo XX. El primero de estos períodos corresponde a los años de la inmediata preguerra, coincidiendo con grandes cambios en la condición social de las mujeres españolas. Durante los años 20 y 30 publicaron novelas y cuentos escritoras como Ma. Francisca Clar *(Halma Angélico)*, Encarnación Aragoneses *(Elena Fortún)*, Rosa Arciniega, Sofía Blasco, Ma. Teresa Borragán, Carmen de Burgos *(Colombine)*, Luisa Carnés, Sofía Casanova, Rosa Chacel, Sara Insúa, Concha Espina, Ma. Teresa León, Concha Linares Becerra, Pilar Millán Astray, Federica Montseny, Ma. Luz Morales, Elisabeth Mulder, Carmen Eva Nelken *(Magda Donato)*, Margarita

Nelken, Matilde Ras, Blanca de los Ríos y Mercè Rodoreda, entre otras. El segundo momento se sitúa en torno a la década de los cincuenta, con la irrupción de la Generación del medio siglo y la continuidad de algunas escritoras que se habían iniciado en el panorama literario durante la década anterior: Mercedes Ballesteros, Carmen Conde, Luisa Forellad, Mercedes Fórmica, Carmen Laforet, Luisa María Linares, María Teresa March *(Laura Denis)*, Carmen Martín Gaite, Ana Ma. Matute, Julia Maura, Dolores Medio, Elena Quiroga, Carmen de Rafael Marés *(Carmen Kurtz)*, Mercedes Salisachs, Elena Soriano y Ángeles Villarta, por citar algunos nombres relevantes.[2]

El general interés suscitado por la literatura de mujeres que se produce en España desde mediados de los setenta corre paralelo con esa perceptible sensibilidad de época hacia determinados aspectos de la realidad que permanecían ocultos, a ese esfuerzo común por analizar claves del inmediato pasado que explicaban el complejo y cambiante presente, por recuperar la voz y el testimonio de muchos españoles silenciados. Más de un centenar de escritoras, pertenecientes a varias generaciones distintas, estaban publicando novedades narrativas entre 1975 y 1982. Continuaban escribiendo escritoras nacidas durante las dos primeras décadas del siglo;[3] también seguían publicando otras autoras de la generación del medio siglo.[4] Se incorporaron precisamente entonces al panorama narrativo varias más nacidas en los años 30—Marta Portal, Teresa Barbero, Teresa Marquina, Consuelo García, Esther Tusquets, Lola Salvador Maldonado, Beatriz de Moura, Ana Ma. Navales-, mientras que accedía también por primera vez una amplia generación de autoras cuyas fechas de nacimiento se sitúan en la década de los 40: Clara Janés, Rosa Romá, Elena Santiago, Marina Mayoral, Lourdes Ortiz, Cristina Fernández Cubas, Carmen Gómez Ojea, Montserrat Roig, Soledad Balaguer, Ana Ma. Moix, Soledad Puértolas y Carme Riera, entre otras. Mención aparte merecen un par de autoras más jóvenes que publicaron entonces su primer libro, Núria Amat y Rosa Montero.

Prácticamente todos los géneros y tendencias tuvieron cabida en el seno de una producción que comprende más de 200 títulos publicados, sin contar con las numerosas reediciones de novelas de escritoras aparecidas durante la posguerra, que pasaron así a formar parte de los catálogos editoriales durante estos años. Destacan entre las reeditadas varias autoras especializadas en los géneros populares, como Carmen de Icaza y Luisa María Linares, dos referentes insustituibles de la novela rosa, y otros nombres fundamentales del período anterior, como Carmen Laforet y Ana Ma. Matute, que no publican libros de narrativa nuevos durante la transición, pero cuyos títulos anteriores reaparecen periódicamente en las librerías.

A comienzos de los 80, la proliferación de nombres y títulos de narrativa escrita por mujeres, el éxito de ventas de varios de ellos -sobre todo en los últimos tres años de la década de los setenta- y los múltiples premios literarios conseguidos, dejaban muy claro a críticos y especialistas que estaban siendo testigos de un fenómeno socioliterario de primer orden. En un artículo periodístico de *ABC* titulado "Penúltimas novelistas", escribía Andrés Amorós: "En los últimos dos o tres años se han publicado una serie de novelas, escritas por mujeres jóvenes, en castellano y catalán, que han tenido, en general, notable éxito de crítica y amplia aceptación popular. [. . .] Literariamente no forman un grupo, no poseen semejanzas estilísticas que las unifiquen. Sin embargo, resulta inevitable que el observador y el lector de la calle consideren esto como un nuevo fenómeno literario y social" (Amorós 1981). Con todo, la crítica se mostró dividida a la hora de manifestarse en relación con el citado fenómeno. Por un lado, un cierto sector negó que la narrativa de las escritoras constituyera una tendencia literaria, definida por rasgos específicos diferenciables. Sin ir más lejos, en su balance de la narrativa española del año 1981, Rafael Conte afirmaba: "La novela femenina no es precisamente un género, ni por su temática ni por quien la escribe. Se trata de una moda, en estos años, pero de una moda que felizmente no es cultivada como tal por nuestras escritoras, aunque lo sea por nuestros editores" (Conte 1983: 137). Por otro, hubo también ejemplos de una posición afirmativa frente a esta destacada presencia femenina en la narrativa española de la transición, como muestra la opinión al respecto de Santos Sanz, quien realizó un panorama de la narrativa del período en el que destaca como aspecto novedoso "que la mujer se ha incorporado en un plano de igualdad al hombre como autora de novelas" (Sanz Villanueva 1992: 272). Se trataba, en suma, de valorar este proceso como un fruto lógico de la normal incorporación de la mujer a otra faceta más de la actividad pública.

Las propias autoras no fueron ajenas al debate suscitado en relación con "el sexo de la literatura" por estos años. Un iniciático "debate literario-feminista" organizado en la Feria del Libro de 1979 con la presencia de escritoras como Rosa Chacel, Martín Gaite, Lourdes Ortiz, Marta Pessarrodona y Montserrat Roig, y de profesionales de la información literaria como Rosa María Pereda, ofrecía buena muestra de la variedad de posiciones al respecto: desde el feminismo explícito de la escritora y traductora Marta Pessarrodona, que vinculaba directamente el acceso de la mujer al mundo literario con los movimientos y reivindicaciones feministas, hasta el escepticismo ante una posible relación de su escritura con la causa de la emancipación de la mujer, por parte de Carmen Martín Gaite y Lourdes Ortiz, pasando por las declaraciones de Montserrat Roig, que aseguró deberle a las aportaciones del feminismo teórico una mayor serenidad a la hora de escribir en relación con el "resentimiento" que dominó sus primeras entregas literarias. Por su parte, Rosa Chacel se decantaba por el explícito reconocimiento de una realidad, el peso unívoco de la historia y de la tradición cultural masculina en su formación literaria: "No hay diferencia intelectual entre hombres y mujeres, porque el mundo intelectual está concebido por el hombre. Por eso yo siempre he seguido la escuela de los grandes maestros, porque es la única que existía" (S.a. 1979: 35).

Es precisamente a finales de los años setenta cuando la pregunta "¿existe o no una literatura de mujeres?", tan habitual en el debate cultural español de los últimos veinte años, se impone como cuestión palpitante de nuestra sociedad literaria, pasando a ser una constante en las entrevistas realizadas a las escritoras. En mesas redondas y coloquios, en seminarios académicos y en actos de divulgación cultural, en suplementos de prensa y en revistas literarias, se debatía una y otra vez sobre esta polémica cuestión. En 1978, por ejemplo, *Camp de l'arpa* abría una nueva etapa con la publicación de un número monográfico titulado "La Mujer en la literatura", que incluía, entre otros artículos, la traducción de un interesante texto de Virginia Woolf de 1929, titulado "Las mujeres y la narrativa", así como abundantes orientaciones bibliográficas sobre la escritura de mujeres. Otra significativa revista literaria que iniciaba por aquel entonces su andadura, *Quimera*, publicó entre 1981 y 1982 una serie de artículos sobre el tema, de indudable interés. Uno de ellos, firmado por Carme Riera, escrito desde su doble experiencia como autora y estudiosa de la literatura, apuntaba como gran reto, para ella y para sus colegas escritoras, crear un nuevo lenguaje, en línea con las propuestas de las teóricas francesas Hélène Cixous y Annie Leclerc: un lenguaje conectado con el propio cuerpo, no mediatizado por las palabras heredadas desde la literatura canónica, escrita por los hombres. Comentaba también en su artículo el frecuente tratamiento de temas distintos en la literatura de mujeres, destacando el asunto de la problemática definición de la identidad femenina.[5] De la inmediatez del debate sobre "el sexo de la literatura" daba cuenta Esther Tusquets, quien en una entrevista coetánea remitía a la publicación de su primera novela (*El mismo mar de todos los veranos*, 1978) como fecha de referencia para una reflexión que le vino sugerida desde fuera: "Respecto de lo que dices de literatura de mujeres, hace un año y medio no lo sabía, pero voy aceptándolo según se va tomando así. [. . .] Reconozco globalmente que se nota en la lectura de mis libros que los ha escrito una mujer" (Claudín 1980: 50).

La clave estuvo, según creo, en el creciente nivel educativo de las españolas de entonces y en el consecuente auge de su incorporación al mundo laboral, un cambio sociológico de primer orden que tuvo lógicas repercusiones en el mundo de la creación literaria. Las empresas editoras respondieron a esta nueva realidad con una oferta cada vez mayor de novelas firmadas por escritoras. Atendían así a la creciente demanda social de textos narrativos que reflejasen las nuevas realidades y los nuevos problemas que vivían las mujeres en esos años. No en vano se estaban produciendo entonces en España fuertes cambios en las mentalidades, en los modos de vida y en el sistema legal.

Las narradoras españolas participaron plenamente de las diversas corrientes literarias de la época. Una y otra vez encontramos en primer plano la experiencia autobiográfica de las autoras en unas narraciones que acometen la recuperación de su memoria personal y generacional. Se trata de volver al pasado, a la infancia, la adolescencia y la primera juventud, en un doble proceso de indagación sobre la construcción de la propia identidad y de nostálgica mirada hacia un mundo acabado, mucho más estable, desde la vertiginosidad de una época de profundos cambios ante los que estas mujeres profesionales deben tomar posición sin contar con modelos femeninos positivos que les sirvan de referente. Destacan dentro de esta corriente títulos tan significativos como *Barrio de Maravillas* (1976), de Rosa Chacel, donde la autora recreaba su paso desde la infancia a la adolescencia en el entorno del madrileño barrio de Malasaña.[6] Mercé Rodoreda acometía, por su parte, la reconstrucción de un tiempo y un medio social definitivamente desaparecido en un par de nostálgicas novelas: *Jardín junto al mar* (1975) y *Espejo roto* (1978).[7] Carmen Martín Gaite, por su parte, llevó a cabo la recreación de las circunstancias personales y sociales en las que discurría la vida de las muchachas españolas de posguerra en *El cuarto de atrás* (1978). Entre las más jóvenes, Marina Mayoral se suma a esta corriente con *La única libertad* (1982), y recupera personajes y ambientes, formas de vida y costumbres de un tiempo pasado, al borde de la extinción, que había conocido durante su infancia y primera juventud en el campo y la provincia gallega, cuna de sus raíces familiares.

Otra destacada tendencia de la producción narrativa de las escritoras de entonces fue el cultivo del testimonio coetáneo que refleja su vivencia como mujeres del tiempo actual. En la línea del realismo social proliferante en décadas anteriores, estas escritoras describen personajes, situaciones y problemas que constituyen su realidad de todos los días, a veces desde un explícito compromiso feminista, otra veces, desde una crítica (y autocrítica) llena de parodia y humor. Se publicaron dentro de esta tendencia un significativo número de novelas que conectaron rápidamente con los lectores. Cabe destacar, en esta línea, los enormes éxitos comerciales de escritoras jóvenes como Rosa Montero, con su *Crónica del desamor* (1979), novela-reportaje muy representativa de la nueva realidad profesional y sentimental de las jóvenes españolas de estos años, y Montserrat Roig, quien consiguió batir verdaderos *records* de ventas con *La hora violeta* (1980), novela traducida del catalán, que ocupó el segundo lugar en las listas de libros de creación más vendidos en 1981, tan sólo por detrás de la *Crónica de una muerte anunciada*, de Gabriel García Márquez. *Palabra de mujer* (1980), de Carme Riera, trataba de plasmar, por su parte, las múltiples marginaciones padecidas por las mujeres mediante un personal intento de actualizar la *parole femme* de las feministas francesas, mientras que *Luis en el país de las maravillas* (1982), de Consuelo García, ofrecía una sátira llena de humor acerca de la responsabilidad que han tenido algunas mujeres al alimentar el machismo del "donjuán" español. Los lectores y los críticos del momento prestaron especial atención a este tipo de producción, de acuerdo con un frecuente propósito de plasmación y denuncia de la situación social y personal de sus contemporáneas, que abordaba sus preocupaciones y problemas palpitantes, que desvelaba sus anhelos de cambio y sus íntimas frustraciones en diferentes aspectos de la existencia.

Coincidiendo con el auge de la narrativa fantástica entre los lectores y el interés de la crítica por el género, perceptible en el panorama español desde finales de los setenta, algunas escritoras llevaron a cabo relevantes creaciones en esta línea y declararon, incluso, la especial "sensibilidad" de la mujer en este sentido, favorecedora de una particular sutileza a la hora de discurrir por las confusas fronteras entre la realidad y el misterio, tal vez potenciada por el secular encierro de la mujer en el ámbito privado.[8] Dentro de la narrativa femenina es posible encontrar, de hecho, muestras diversas de una amplia gradación en la escala de la fantasía. Por una parte, varias narradoras inciden en la creación de sugerentes atmósferas, impregnadas por un leve misterio, impreciso, indefinible, que parece emanar de la incomprensible naturaleza oculta de las motivaciones humanas, como se observa en *Novelas antes de tiempo* (1981), de Rosa Chacel, una colección de "esbozos" narrativos que sugieren atmósferas en las que palpita un leve suceso apenas apuntado. Mercè Rodoreda, por su parte, logra crear en *Viajes y flores* (1981), conjunto de estampas líricas traducidas del catalán, un bello ambiente poético que se alterna, como ocurre con su siguiente novela, *Cuánta, cuánta guerra* (1982), con la manifestación ocasional de la violencia y la crueldad más asombrosas. Por otra parte, se publicaron también varias narraciones en las que predomina el elemento sobrenatural, lo siniestro, las fuerzas telúricas y la inevitable presencia del mal, como los libros de relatos de la escritora de origen uruguayo—exiliada en España—Cristina Peri

Rossi, *La tarde del dinosaurio* (1976), *El libro de mis primos* (1976), *La rebelión de los niños* (1980) e *Indicios pánicos* (1981), o el de Cristina Fernández Cubas, *Mi hermana Elba* (1980), que desarrolla una exploración lúcida del fondo patológico latente en muchas relaciones interpersonales.

La revisión desde la óptica de la mujer de figuras y episodios claves de la historia y la mitología completa el panorama de tendencias más relevantes de la creación narrativa firmada por mujeres en estos años. Las escritoras pretenden llevar a cabo un cuestionamiento general de las valoraciones transmitidas respecto de determinados iconos de nuestro patrimonio cultural, especialmente en el caso de los personajes femeninos. Utilizan además su reflexión sobre estas figuras para indagar paralelamente en las claves de su propia identidad y como factor de renovación formal que encubría una general denuncia de la situación subsidiaria de la mujer en la sociedad española de posguerra. Destacan, dentro de esta nómina, títulos como *Os habla Electra* (1975) y *Argeo ha muerto supongo* (1982), de Concha Alós, donde la autora utiliza los referentes clásicos y bíblicos como elementos que acentúan el valor simbólico de unas historias contemporáneas marcadas por un firme compromiso en la denuncia de la situación social de dependencia de la mujer española de posguerra. *Una primavera para Doménico Guarini* (1981), traducción del catalán de la novela de Carme Riera, utiliza los motivos grecolatinos a partir de la creación pictórica, construyendo un relato en paralelo al contenido simbólico del cuadro de Boticelli "Alegoría de la Primavera". *Urraca* (1982), de Lourdes Ortiz, ofrece, finalmente, una valoración trasgresora de la figura de la reina castellana medieval, y pone el énfasis en las dificultades de la mujer para ser reconocida en el ejercicio del poder.

Los lectores y los críticos prestaron especial atención a la aportación citada en la línea del realismo social, que revelaba las preocupaciones e inquietudes de las españolas del momento. Entre las claves temáticas más frecuentes en los textos narrativos del período es posible encontrar, así, el testimonio y la denuncia de la difícil inserción femenina en el medio social y laboral; la insatisfacción respecto del modo en que estaban discurriendo entonces las relaciones de pareja, los fuertes problemas todavía existentes a la hora de programar sus vidas a partir de un controlado acceso a la maternidad; sus conflictivas relaciones con los modelos femeninos establecidos, especialmente sangrantes en sus relaciones materno-filiales; la dificultad para mantener con coherencia un doble compromiso político, cuando los partidos tradicionales no asumían verdaderamente la causa feminista; el refugio frecuente en las redes de la solidaridad femenina, especialmente en las relaciones con amigas y hermanas, etc. Recogen, en suma, una serie de asuntos y problemas nuevos, o planteados de forma novedosa, que fueron abordados desde una marcada subjetividad en la perspectiva narrativa adoptada.

De hecho, predomina en el conjunto de toda esta producción la utilización de la primera persona, a menudo identificada con la perspectiva focalizadora de una mujer. En muchos casos, los rasgos "biográficos" que definen al personaje dueño de esta voz narrativa se correspondían casi totalmente con los de la propia autora, con lo que nos encontramos ante unos relatos marcadamente autobiográficos, con una fuerte carga de subjetividad.[9] A menudo esta falta de distancia frente a la materia narrada fue destacada—y censurada—por los críticos. Sin embargo, la "sinceridad" intencional que se desprende de la citada perspectiva tuvo mucho que ver en el éxito comercial coetáneo de buena parte de esta producción, en una época en la que triunfaba, en primer lugar, el valor de la "autenticidad", y en un mercado literario en el que crecía día a día la proporción de lectoras.

La publicación de varios títulos narrativos que alcanzaron un rotundo éxito comercial, entrando a formar parte de las listas de libros más vendidos—recogidas entonces por vez primera en la prensa española—, contribuyó sin duda a la visibilidad y actualidad del papel de la mujer como "sujeto" de la creación literaria. Quiero destacar en este sentido, además de los éxitos conseguidos en el ámbito catalán específico por escritoras como Montserrat Roig y Carme Riera, tres grandes éxitos comerciales de alcance estatal en este período: *La gangrena* (1975), de Mercedes Salisachs; *Crónica del desamor* (1979), de Rosa Montero, y *La hora violeta* (1980), de Montserrat Roig. El primero de ellos respondía a la demanda creciente de indagación sobre la memoria histórica más próxima, concretamente a la vigencia del trágico episodio de la Guerra Civil española. *La gangrena*, de Mercedes Salisachs, ganadora del Premio Planeta de novela, fue el cuarto libro más vendido en España en lengua castellana en el año 1976. La escritora acometió la revisión histórica de cincuenta años de vida española desde un planteamiento que era a la vez conservador ideológicamente, pero muy crítico desde una perspectiva moral, presentando la biografía de su protagonista, Carlos Hondero, como contraejemplo que le permitió denunciar con firmeza la corrupción moral, económica y política reinante en la sociedad de posguerra.

La novela de Montero, texto influido por el reportaje periodístico al estilo del *New Journalism* norteamericano, resultaba muy representativa de la nueva realidad profesional y sentimental de las jóvenes españolas de esos años. Verdadero fresco de época, la obra se componía de "Mil anécdotas que podrían ser reales, que comunican historias muy próximas y que, por tanto, se leen con interés, de un tirón" (Galán 1979: 21). Sin duda la clave de su gran éxito de ventas estuvo en esa acertada expresión de los problemas candentes de todas aquellas mujeres que luchaban por romper el rol que les había sido asignado; irrumpían con fuerza y ambición en el ámbito profesional más cualificado; se enfrentaban a sus parejas, cuando se consideraban minusvaloradas o afectivamente abandonadas; elegían libremente la maternidad, también fuera del matrimonio; reclamaban libertad absoluta de movimientos y horarios; probaban todo tipo de experiencias nuevas, sobre todo aquellas que estaban fuera de la norma; rompían tabúes lingüísticos, sexuales, etc. Se trataba de una amplia serie de cambios, en fin, de los que una generación de mujeres (nacidas entre la década de los cuarenta y principios de los cincuenta) fue indiscutible protagonista.

Casi simultáneamente, otra joven periodista, Montserrat Roig, conseguía batir también los *records* de ventas con *La hora violeta* (1980), incluida en una trilogía novelesca que ofrecía nuevamente un testimonio de actualidad sobre cuestiones candentes como las reivindicaciones feministas, la vigencia del compromiso político, los cambios sociales que se están viviendo en la década de los setenta, etc. Paralelamente la novela plasmaba la búsqueda de una nueva identidad femenina, expresada a partir de una elaborada cadena generacional de mujeres en dos familias de la burguesía catalana, inquietud en la que sin duda muchas de las lectoras podían reconocerse.

Las escritoras españolas fueron ganando prestigio crítico, accediendo en un significativo número a importantes premios literarios y a una consecuente presencia mediática, desde entonces bastante más relevante de lo que había sido en las décadas anteriores. Rosa Chacel recibe el Premio Nacional de la Crítica 1976 por su recién aparecida novela autobiográfica *Barrio de Maravillas*. Poco después, en 1978, competiría con Carmen Conde en una candidatura de nombres femeninos para formar parte, por vez primera, de la Real Academia Española de la Lengua, siendo esta última escritora la que finalmente sería nombrada miembro de la Institución. En *Barrio de Maravillas*, que la autora calificó de "novela generacional", encontramos a un tiempo el friso social del Madrid inmediatamente anterior a la Primera Guerra Mundial y el proyecto de rememoración de la construcción de una identidad femenina en el paso de la infancia a la adolescencia, de acuerdo con el modelo del *bildungsroman* europeo. Se avanza así en ella en la construcción de un tejido de imágenes, metáforas y símbolos de singular originalidad y riqueza, contribuyendo a la plasmación literaria de un imaginario femenino específico.

Mercè Rodoreda, por su parte, extendió en estos años el prestigio crítico y el respeto entre los lectores que ya había ido ganando en el ámbito lingüístico catalán durante la década anterior. En 1980 la escritora es la primera mujer a la que se otorga el Premio de Honor de las Letras Catalanas. Ese misma año gana el Premio Ciudad de Barcelona por la publicación de la versión original de su libro de estampas narrativas *Viatges i flors*, en el que se combinan—con el peculiar estilo de la autora—multitud de imágenes poéticas en torno a la belleza del mundo vegetal, de las flores, provocadoras de emociones y sugeridoras de múltiples sensaciones, con el temor que generan sus maléficos poderes. Poesía y cuento, imagen lírica y tradición folclórica se unen en un conjunto de episodios de particular simbolismo e inigualable efecto estético. La consagración definitiva de esta escritora se debe, con todo, a una novela anterior, *La plaza del Diamante*, publicada en catalán en 1962 y traducida al castellano en 1965, que fue reeditada profusamente en los siguientes años, hasta alcanzar un indiscutible éxito popular tras su adaptación al cine y la televisión en 1982. Se plasma en ella la vivencia de la Guerra Civil española a través de los ojos de una mujer, la inolvidable Colometa, que permanece sola, sin ningún tipo de apoyo, durante todo el conflicto, teniendo que sacar adelante en medio del hambre y de las bombas, a sus dos hijos pequeños. Destaca, sin duda, la exquisita sensibilidad con que se recrea esta experiencia, a través de un lenguaje absolutamente fiel al registro coloquial femenino, así como la belleza de sus imágenes poéticas, de sus símbolos. Encontramos además en la novela un canto inquebrantable a la fortaleza femenina, a la capacidad de la mujer para resistir el sufrimiento y recobrar, tras largos años, la esperanza. Unos elementos que, en definitiva, singularizan este título dentro del conjunto del panorama literario español de la segunda mitad del siglo XX.

El reconocimiento a la escritura femenina de la generación de "los niños de la guerra" llega con el Premio Nacional de Literatura otorgado a Carmen Martín Gaite en 1978 por su novela *El cuarto de atrás*, novela en la que la autora vivifica la memoria histórica y el testimonio autobiográfico mediante el empleo de ciertas técnicas próximas al género fantástico, en la línea del modelo teórico de Todorov.[10] Estamos ante un interesante experimento narrativo que entra en diálogo intertextual con otro título fundamental de la autora, *Usos amorosos de la posguerra española* (1987), ensayo que estaba ya fragüándose en su taller creador cuando escribe la novela. En *El cuarto de atrás*, Martín Gaite vuelve a vivir su infancia durante los años 30 en su casa salmantina, recuerda su experiencia de los años de guerra, la obsesión típica de la posguerra por proveerse de alimentos, los tabúes morales imperantes, los modelos femeninos que le impusieron desde niña, sus sueños de evasión mental ante un panorama social estrecho y gris. La novela ofrece, en este sentido, un valioso acopio de experiencias, de vivencias, de informaciones sociológicas, que permiten, mejor que muchos estudios académicos, conocer de primera mano cómo fue la vida de las mujeres españolas durante los años 40 y 50, fundamentalmente.

La siguiente generación de escritoras tiene en Esther Tusquets a su principal representante dentro del canon narrativo español contemporáneo. Estamos ante un caso de entrada tardía en el panorama literario, puesto que escribe y publica su primera novela, *El mismo mar de todos los veranos* (1978), ya en la cuarentena. Con la segunda parte de la trilogía, *El amor es un juego solitario* (1979), la escritora catalana obtuvo el prestigioso Premio Ciudad de Barcelona para literatura en castellano. El carácter social representativo de esta serie novelesca, completada al año siguiente con *Varada tras el último naufragio* (1980), se basa en su eficaz plasmación de la crisis de identidad de Elia, una mujer de la alta burguesía barcelonesa en la mediana edad, que encarna el complejo proceso de evolución experimentado por la mujer actual durante la posguerra española. En *El amor es un juego solitario* se aborda una vez más el fracaso vital femenino en el contexto social de la burguesía acomodada de posguerra y el tardofranquismo. Las mujeres en ese contexto padecieron el efecto destructor de un medio que las incapacitó para lograr una vida "auténtica" y permanecieron atrapadas, en cambio, por una red de conveniencias e intereses creados y por unos roles genéricos muy precisos que dificultaban su desarrollo personal; unos roles que parecen querer romper a través del "juego del amor", como se deduce de las relaciones lésbicas que Elia establece con la joven Clara, pero que terminan por permanecer incólumes. Esta recreación de un período de nuestra historia reciente se lleva a cabo rehuyendo el realismo descriptivo de "lo exterior" para indagar en cambio en la realidad interior de unos personajes femeninos cuyas motivaciones, deseos, temores, complejos y frustraciones cobran absoluto protagonismo. Todo ello a partir de unas técnicas renovadoras que buscan situar la expresión formal en el primer plano de la atención del lector, provocando unos efectos de "extrañeza" que previenen de una excesiva identificación sentimental con estas "realidades psicológicas" íntimas y procuran, en cambio, una reflexión crítica y analítica.

Muy representativo de la potente entrada de la generación más joven de escritoras (nacida en los 40) en el panorama literario español es el ejemplo de Soledad Puértolas, ganadora del Premio Sésamo 1979 con su primera novela, *El bandido doblemente armado* (1980), quien, en ese mismo período, dio también a la imprenta un interesante volumen de relatos titulado *Una enfermedad moral* (1982). Ambos títulos la sitúan dentro de una tendencia narrativa cultivada con frecuencia por otras escritoras de su generación, como las incluidas en un título pionero que anticipó el éxito editorial de las hoy proliferantes colecciones de relatos femeninos, la edición de Ymelda

Navajo, *Doce relatos de mujeres* (1982). Se trata en los tres casos de recreaciones de unos mundos singulares, marcados por la ambigua sugerencia, que se mueven en los confusos límites entre la realidad verificable y la ensoñación imaginativa. *El bandido doblemente armado* fue muy elogida entonces por su capacidad para plantear un microcosmos particularmente "exótico" y ajeno a coordenadas espacio-temporales reconocibles desde una perspectiva narrativa próxima al objetualismo francés y unos recursos expresivos influidos por el "minimalismo" y por la novela negra norteamericana. Sus personajes provocaban en los receptores un malestar indefinible que radica en la oculta naturaleza de sus problemas y, por tanto, en la imprevisibilidad de unas conductas difícilmente comprensibles.

La reflexión panorámica planteada acerca de la proliferación de nombres y títulos nuevos, los éxitos de ventas y los premios alcanzados desde mediados de los setenta hasta comienzos de los ochenta permite asegurar que en estos años se produjo un verdadero auge de la narrativa femenina en España. El mundo periodístico y cultural español estuvo atento a este fenómeno, que respondía al creciente acceso de las mujeres a la educación superior y al mundo laboral, con la consiguiente repercusión en su dedicación, cada vez mayor, a la escritura, y la influencia también directa en su interés como lectoras por acercarse a una literatura más próxima a sus inquietudes y expectativas, a su visión del mundo. Los críticos del momento reconocieron el nacimiento de un fenómeno socio-literario nuevo, frente al que muchos de ellos mantuvieron una crítica distancia. Otros, en cambio, analizaron este hecho como una consecuencia lógica de la normal incorporación de la mujer a otra faceta más de la actividad pública. La produccción de las escritoras abarcó diferentes géneros y tendencias, destacando la publicación de narraciones dedicadas a la recreación de la memoria personal y generacional, la proliferación de títulos que recreaban la vivencia femenina de la actualidad, en la línea del realismo social, el cultivo de fórmulas originales de la fantasía narrativa y la revisión crítica de figuras claves del patrimonio cultural español y occidental. Se introdujeron temas nuevos, o tratamientos novedosos de algunas cuestiones, relativas, sobre todo, a los problemas derivados de la reciente inserción de la mujer en la vida profesional y a los conflictos provocados por los vertiginosos cambios en la moral social acontecidos en la España de la transición política, que estaban afectando especialmente a las relaciones de pareja y a la propia estructura familiar. El común interés por contribuir a trasmitir la experiencia de las mujeres explica el especial énfasis en la utilización de la primera persona y la notable subjetividad en la perspectiva narrativa que fue característica de su producción literaria de la época.

Con el paso de los años, ha ido creciendo notablemente la atención de lectores y críticos hacia la creación narrativa de las escritoras españolas contemporáneas. Más allá del posible *boom*, se ha producido ya la consolidación de este sector de la producción literaria, como lo demuestran el creciente número de mujeres que se dedican a escribir ficción, la inclusión de muchos de sus títulos entre los más vendidos del país, la aparición de colecciones dedicadas específicamente a las narradoras y, como consecuencia de todo ello, su mayor presencia relativa en los suplementos literarios y en las revistas culturales. Un fenómeno que tiene su origen en esos años de la transición política y que no hubiera sido probablemente posible sin el enorme salto, cuantitativo y cualitativo, que las escritoras españolas protagonizaron justamente entonces.

NOTAS

Este trabajo fue presentado en el marco del Congreso *20th Century Spanish Women Authors* (University of California, Berkeley, March 2004). Se anticiparon en él algunas de las principales conclusiones que aparecen ampliamente desarrolladas en los diferentes capítulos del libro *Narradoras españolas en la transición política: Textos y contextos* (Nieva 2004), publicado varios meses después.

1. Pueden verse en relación con la narrativa del período los panoramas de Sanz Villanueva 1985, 1990 y 1992, Martínez Cachero 1985, y Villanueva 1987. Véanse además los informes anuales de los años literarios 1976–1980 publicados por éste último autor en *Anales de la Narrativa de Posguerra* (más tarde *Anales de la Narrativa Española Contemporánea* y *Anales de la Literatura Española Contemporánea*) entre 1977–1981. Resultan también libros de utilidad Alonso 1983, Fortes 1987, y Acín 1990, así como los artículos de Sobejano 1988, Soldevila 1988 y Pérez 1991.

2. Para las novelistas de preguerra, pueden verse, entre otros, los libros de Pérez 1988, Ena 1990 y Davies 1998. En relación con las escritoras activas en los 50, consúltese Pérez 1983, Zatlin 1983 y el capítulo "Las mujeres novelistas", en Martínez Cachero 1985.

3. Entre ellas, Rosa Chacel, Federica Montseny, Carmen Conde, Mercè Rodoreda, Carmen Kurtz, Dolores Medio, Mercedes Ballesteros, Cecilia G. de Guilarte, Mercedes Salisachs y Teresa Pamiès.

4. Concha Alós, Carmen Martín Gaite, Sara Suárez Solís, Julia Uceda, Carmen Barberá, Cristina Lacasa y Juana Trullás.

5. "La escritora, además, suele verse como sujeto-objeto, por esto rememora la infancia, que siempre es una vuelta a sí; se observa ante el espejo (valdría la pena antologizar el tópico, constante en la literatura femenina mundial) y luego mira el entorno, la órbita doméstica" (Riera 1982: 10).

6. Las referencias completas de todas las novelas y libros de relatos citados en este artículo pueden verse en la selección bibliográfica incluida en Nieva 2004: 411–422.

7. *Jardín junto al mar* [*Jardí vora el mar*] fue publicada orginalmente en catalán en 1967, y *Espejo roto* [*Mirall trencat*], en 1974. Las fechas ofrecidas en el texto entre paréntesis de las novelas traducidas del catalán corresponden siempre a la primera edición en castellano.

8. La literatura fantástica femenina manifestaría, en opinión de Cristina Fernández Cubas, "cierta sutileza para nombrar los límites, cierta extraña fuerza, seguramente fría, para enfrentarse con los misterios" (Pereda 1980: 37), mientras que Carmen Martín Gaite, traductora de varios clásicos de la fantasía literaria (Barrie, E. Brontë, Charles Perrault), vinculaba la capacidad de fabulación fantástica femenina al secular encierro de la mujer (Bustamante 1978: 57).

9. La conexión biográfica resulta evidente tras la lectura, por ejemplo, de las entrevistas a varias de estas autoras publicadas por Nichols (1989).

10. Acerca de las preocupaciones de Martín Gaite en relación con la teoría literaria, volcadas en múltiples conferencias, artículos y ensayos, véase Bergmann 1998.

OBRAS CITADAS

AA.VV. *Narrativa hispánica: Curso de verano de El Escorial*. Madrid: Universidad Complutense, 1990.
Acín, Ramón. *Narrativa o consumo literario (1975–1987)*. Zaragoza: Prensas Universitarias, 1990.
Alonso, Santos. *La novela en la transición*. Madrid: Puerta del Sol/Ensayo, 1983.
Amell, S., y S. García Castañeda (eds.). *La cultura española en el posfranquismo. Diez años de cine, cultura y literatura (1975–1985)*. Madrid: Playor, 1988.
Amorós, Andrés. "Penúltimas novelistas". *ABC*, "*Sábado cultural*", 19 Sept. 1981: 11.
―――, et al. *Letras españolas 1976–1986*. Madrid: Castalia, 1987.
Bergmann, Emilie. "Narrative Theory in the Mother Tongue: Carmen Martín Gaite's *Desde la ventana* and *El cuento de nunca acabar*." En Glenn y Mazquiaran, 172–97.
Bustamante, Jubi. "Encuentro con Carmen Martín Gaite". *Camp de l'arpa*, 57 (1978): 57.
Claudín, Víctor. "Encuentros. Esther Tusquets. Conquista de la felicidad". *Camp de l'arpa*, 71 (1980): 47–53.
Conte, Rafael. "La novela española en 1981". *Anales de la Literatura Española Contemporánea*, 8 (1983): 127–42.
Davies, Catherine. *Spanish Women's Writing 1849–1996*. London: Athlone, 1998.
Ena Bordonada, Angela (ed.). *Novelas breves de escritoras españolas 1900–1936*. Madrid: Castalia-Instituto de la Mujer, 1990.
Fortes, José A. *Novelas para la transición política*. Madrid: Libertarias, 1987.
Galán, Lola. "El amor, ese espejismo individual". *El País*, 4 July 1979: 21.
Glenn, Kathleen, y M. Mazquiaran (eds.). *Spanish Women Writers and the Essay: Gender, Politics and the Self*. Columbia: University of Missouri Press, 1998.
Gómez-Martínez, José L. y Pedro J. Chamizo (eds.). *Los ensayistas: España 1975–1990*. Athens: University of Georgia Press, 1991.
Martínez Cachero, José M. "Una novela en libertad (1976–1980)". En *La novela española entre 1936 y 1980*. Madrid: Castalia, 1985.
Nichols, Geraldine. *Escribir, espacio propio: Laforet, Matute, Moix, Tusquets, Riera y Roig por sí mismas*. Minneapolis: Institute for the Study of Ideologies and Literature, 1989.
Nieva de la Paz, Pilar. *Narradoras españolas en la transición política (1975–1982): Textos y contextos*. Madrid: Fundamentos, 2004.
Pereda, Rosa María. "La sorpresa literaria de Cristina Fernández". *El País*, 21 Nov. 1980: 37.
Pérez, Janet (ed.). *Novelistas femeninas de la postguerra española*. Barcelona: José Porrúa, 1983.

———. *Contemporary Women Writers of Spain*. Boston: TWAS, 1988.
Riera, Carme. "Literatura Femenina: ¿Un lenguaje prestado?". *Quimera*, 18 (1982): 10.
———. "La novela escrita por mujeres: 1975-1990." En Gómez-Martínez y Chamizo, 128-42.
Sanz Villanueva, Santos. "La novela española desde 1975". *Las Nuevas Letras*, 3-4 (1985): 30-35.
———. "La generación novelesca del 68". En AA.VV., 51-67.
———. "La Novela". En Villanueva 1992, 249-84.
S[in] a[utor]. "Paseo por las novedades de la 39a Feria Nacional del Libro". *El País*, 8 Jun. 1979: 35.
Sobejano, Gonzalo. "La novela ensimismada (1980-1985)". *España Contemporánea*, 1 (1988): 9-26.
Soldevila, Ignacio. "La novela española en lengua castellana desde 1976 hasta 1985". En Amell-García Castañeda 1988: 37-47.
Villanueva, Darío, "La Novela". En Amorós 1987: 19-64.
———, et al. *Los nuevos nombres: 1975-1990*. Vol. 9, *Historia y crítica de la Literatura Española*, dir. por F. Rico. Barcelona: Crítica, 1992.
Zatlin, Phyllis. "La aparición de nuevas corrientes femeninas en la novela española de posguerra". *Letras Femeninas*, 9.1 (1983): 35-41.

10. *La batalla de la educación*

Historical Memory in Josefina Aldecoa's Trilogy

Sara Brenneis

On July 18, 1936, civil war erupted across Spain. Just as the course of the country's history was forever altered on this date, so too were the lives of Spanish children who suddenly became "niños de la guerra." Josefina Aldecoa, a member of this generation of wartime children, recounts that "en ese momento, en ese 18 de julio, sí que empieza para nosotros el recuerdo consciente e ininterrumpido, la conciencia ineludible del acontecer histórico. Ahora sí, nuestra infancia va a convertirse en la infancia de un niño que se ve arrojado a una guerra" (*Los niños*, 12). This pivotal event imprints itself in the collective memory of a generation of Spaniards; for Aldecoa, the historical becomes personal as well. As a primary school student in rural León, ten-year-old Josefina Aldecoa was introduced to Spain's avant-garde literary world by a favorite Republican teacher, David Escudero. She remembers that "el 18 de julio de aquel año comenzó una guerra que iba a arrancarnos de golpe todas las ilusiones y los proyectos. A don David lo asesinaron aquel día por enseñar en clase a Federico García Lorca" (Dupláa, *Memoria sí*, 13–14). Aldecoa associates the death of her teacher with the end of an era of educational liberty enjoyed during Spain's Second Republic, expanding her personal experience to represent an institutional shift: "Todo eso [la enseñanza durante la Segunda República] fue una etapa verdaderamente bonita que muere el 18 de julio cuando estalla la guerra porque uno de los grupos sociales que más represalias sufrió fueron los maestros" (Talbot, 247). This date weaves its way through Aldecoa's personal, generational, and educational experiences to such an extent that she will utilize it as a central moment in her fiction as well: on July 18, 1936, Ezequiel, a rural Republican schoolteacher, is killed for his political involvement in Aldecoa's novel *Historia de una maestra*. He leaves behind his wife, Gabriela, also a teacher, and their daughter, Juana, both transformed by this moment in history, who will actively record the collective history of twentieth-century Spain over the course of Aldecoa's three novels of memory: *Historia de una maestra, Mujeres de negro,* and *La fuerza del destino.*

In an essay on the reclamation of the past since the Spanish transition to democracy, Joan Ramon Resina states that "even under the best of political circumstances, the past is not available in its totality and whatever we remember of it at a given time and place depends on the nature of the institutions that organize social life" (85). Aldecoa's trilogy, published during the 1990s, remembers the past by focusing on education, and more specifically, on the schools and teachers who constitute the social institution of education. These three texts are novels of memory, as defined by David Herzberger: texts that mediate history with a "voice of a subject in the present who is positioned both within history and within discourse" (68) and oppose the dominant historiography of the Franco regime. Education, as a type of corroborating text used in the novel of memory (Herzberger, 78–85), first provides evidence that links history with a fictional evocation of history and, second, functions as a method for interpreting and extracting the meanings or truth behind the discourse of history. In the case of Aldecoa, education allows the author and narrator, Gabriela, and her daughter, Juana, to consider the course of Spain's history through both their own individual experiences as well as through the collective experience of those who passed through social institutions—schools—that were as dramatically transformed as Spain itself in the last century. Additionally, Aldecoa, writing from the perspective of modern-day Spain, makes an implicit comparison between education in Spain from 1923 to 1982 and its reverberations in the Spain of today. Aldecoa constructs a powerful counter-discourse to the prevalent Francoist historiography that consistently negated Republican advancements in education, and she asserts that "nunca se ha vuelto a conseguir la valoración de los maestros, el entusiasmo y la eficacia de la escuela de la República" (Dupláa, *Memoria sí,* 19). Fiction and history commingle in Aldecoa's trilogy to such an extent that an independent examination of either, especially in terms of education, would provide neither a complete analysis of text nor of context. Indeed, narrative and historical discourse are closely tied, subjective fields. Herzberger writes that "the representational underpinnings of the real (history) and the imaginary often share the same points of reference" (4), which, as I will demonstrate, allows us to examine the proximity of the fictional story of Gabriela and Juana to the actual experiences of Josefina Aldecoa and her contemporaries.

Aldecoa places herself alongside the generation of writers that includes Carmen Martín Gaite, Rafael Sánchez Ferlosio, and her husband, Ignacio

Aldecoa, all of whom forged a friendship as university students in Madrid during the early postwar years. However, Josefina Aldecoa followed a more circuitous route to publishing than her peers, participating in literary magazines and translating texts in the 1950s, then establishing herself as a teacher for thirty years before beginning a career as a novelist.[1] She returned to fiction in the 1980s, publishing a number of novels that Christina Dupláa places in the category of "[narrativa] ahistórica, de ruptura sin conflicto y de experimentación" (*Memoria sí*, 103) for their distance from the ingrained historicism of the early postwar novels of social realism.[2] In her own writings on the literature of her generation, Aldecoa laments this turn away from the historical, noting that "en resumen, hemos perdido el siglo XX. . . . La literatura pierde su sentido de memoria histórica" ("Nosotros," 18). However, by the 1990s, some authors of her generation had found their way back to a historically engaged approach to literature. Aldecoa's trilogy embodies this newfound reliance on historical memory. When asked why she changed narrative directions, writing a text as indebted to history and memory as *Historia de una maestra*, Aldecoa's response reveals the role education plays in her vision of Spain's future as well as in her reimagining of the country's past:

> Yo sentía, y creo que parte del país también, una cierta insatisfacción de cómo se había hecho la transición democrática en algunos ámbitos de la sociedad. Yo no estaba de acuerdo con decisiones tomadas en el terreno de la educación. Cuando llegaron al gobierno los socialistas, vi que siguían [sic] dando subvenciones a la escuela privada, mayoritariamente a los colegios religiosos, quizás para no tener problemas con la Iglesia. Y esa sensación de insatisfacción me fue llevando al pasado, siendo entonces cuando empiezo a pensar en escribir una novela sobre el periodo de la República. Quise reivindicar esos años a través de la figura de los maestros. (Dupláa, "La voz de Josefina R. Aldecoa," 123)

Aldecoa's preoccupation with education is deep-rooted: her mother was a rural schoolteacher during the Second Republic; her grandmother and other family members were also teachers. Aldecoa earned her degree in pedagogy, and when she perceived the educational alternatives for her own daughter as inadequate, she established a small preschool in postwar Madrid that eventually grew into a private alternative primary school: the Colegio Estilo, founded in 1959. Aldecoa's educational experience was shaped by the wave of progressive schools ushered into Spain by the Second Republic, in which she was a student and her mother was a teacher. It is in this unique environment and with a spirit of reexamining the past that she writes *Historia de una maestra*. With it, she inaugurates a trilogy that will trace

Spain's modern history through the educational institutions that trained *los niños de la guerra*, a term Aldecoa coined in her volume of the same name to describe children born between 1925 and 1928 who were from eight to eleven years of age when the Spanish Civil War began: "la edad de la infancia conciente" (*Los niños*, 9).

Historia de una maestra opens in 1923, when Gabriela and her friends from normal school watch Francisco Franco's wedding process through the streets of Oviedo, unaware of the significance of what they have encountered. Only later, as the novel closes with the beginning of the Spanish Civil War in 1936, will Gabriela realize that she had witnessed the wedding of Spain's future dictator, a man who would alter the course of her life. This scene echoes Martín Gaite's *El cuarto de atrás*, in which the protagonist observes Franco's daughter in Salamanca and again some thirty years later at the dictator's funeral.[3] Indeed, it drew the attention of Martín Gaite in her review of Aldecoa's novel:

> Me parece un acierto magistral el de abrir y cerrar la rememoración de la protagonista-narradora con sendas fechas (octubre de 1923 y julio de 1936) tan significativas para su vida privada como para el ciclo de acontecimientos que desembocaron en el descalabro definitivo de los ideales de la República. (Martín Gaite, "De tú a tú," 236)

Martín Gaite highlights Aldecoa's attention to historical detail in her interweaving of history with individual experience; as we shall see, Aldecoa uses the same care in mingling her personal educational expertise with institutional representations in the novel.

Gabriela trains as a schoolteacher in small Spanish towns and the Spanish colony of Equatorial Guinea before marrying Ezequiel, also a teacher. They establish themselves as the resident schoolteachers in a series of rural Spanish townships. The Spanish Republic arrives along with the birth of their daughter Juana, and Gabriela and Ezequiel become two among many harbingers of the Republic's progressive educational reforms. They fight pervasive traditions to establish coeducational and secular classrooms, teaching the children to recognize Spain's place in the larger map of Europe and the world, and teaching their parents the basics of spoken discourse and civic responsibility. When the Republic sends a troupe of educators to one of these remote villages under the rubric of the Pedagogical Missions, Ezequiel and Gabriela become the town's ambassadors, bridging the divide between the skeptical townspeople and these urban traders of culture. Aldecoa's commitment to history is made plain here, as she weaves the actual text from one of the Pedagogical Mission presentations into the narrative (*Historia,*

140). But as the delicate balance between progress and tradition in the country begins to fray, tensions in these remote towns run high. Teachers, as heralds of the newly democratic Spain and the most visible of the Republic's reforms, are at the center of the political debate. While teaching in a mining community in Northern Spain, Ezequiel becomes absorbed with leftist politics while Gabriela submerges herself in her maternal role. She feels herself politically and "voluntariamente aislad[a] de los insistentes presagios de [los] hombres" (Aldecoa, *Historia*, 205), but does not stray from her own educational mission, which she views as apolitical: "Mis sueños, vapuleados como estaban, aún eran los de siempre. Educar para la convivencia. Educar para adquirir conciencia de la justicia. Educar en la igualdad para que no se pierda un solo talento por falta de oportunidades . . . " (ibid., 200). The educational utopia of the Republic is short-lived as Spain fragments into civil war, Ezequiel is killed, and Gabriela faces an uncertain future.

A number of scholars have examined the similarities between *Historia de una maestra* and Dolores Medio's autobiographical novel, *Diario de una maestra*,[4] which treats a teacher's experiences during the Republic, the Civil War, and early postwar years. Observing that Medio's text exposes the frustrating impediments women face in becoming heroines in patriarchal Spain, Isolina Ballesteros argues that *Historia de una maestra* reveals a similar, albeit more nuanced, role for women in pre–Civil War Spain:

> El relato de Gabriela parece por un lado una declaración de impotencia, un testimonio de la imposibilidad de la mujer española de los años treinta para realizar cualquier sueño de independencia y libertad. Por otro, éste se proyecta como un homenaje y una defensa de todas aquellas mujeres que lucharon por la República en el papel silencioso que les dejaron representar. Su discurso se debate entre ser queja y lamento por la situación de las mujeres de su época, autojustificación de su papel marginal y reivindicación orgullosa de la función educadora de éstas. (115)

Gabriela's decision to isolate herself from the political issues in which her husband is deeply involved, instead opting to immerse herself in her daughter, mirrors this dual representation of women in Spain's Republic: at once straining against the limitations of a traditional Spanish society and retreating into the silent struggle of motherhood. Still, Ballesteros' assertion that Gabriela is unable to realize her dreams of freedom does not take into account the gains she makes as an independently minded teacher establishing progressive schools. Gabriela uses the resources available during a uniquely receptive political movement to establish alternative educational institutions, still laboring against the constraints of a patriarchal, ecclesiastical society. As one critic has noted, it is not so much Gabriela's career as an educator that is revolutionary, given that the teaching profession was one of the few paths open to women in Spain during the early part of the century, rather that "lo que sí resulta más innovador es el sueño de Gabriela de educación para todos y en especial su voluntad *activa* de convertirlo en realidad en una sociedad que define a la mujer por su pasividad" (Pascual Solé, 398, emphasis in the original). Gabriela is the embodiment of an everyday heroine, affirming the impact women can have in the realm of education. To represent this idea, Aldecoa's narrative focuses on the common voices that make up history, on the "pequeña historia real de los personajes que la vivieron," constructing a "crónica humana de los sufrimientos, heroísmos y miserias de España" (Aldecoa, "Nosotros," 16). This point has also been insightfully argued by Soliño, who writes that in Medio and Aldecoa's novels, "the stories of these teachers provide a new narrative model that presents women characters as heroines in a revolution" (29). Aldecoa herself is one of these everyday heroines, utilizing her training as an educator to pay homage to Republic-era schools, both in *Historia de una maestra* and in her establishment of an actual counter-institution during the dictatorship. She has explained that in her testimonial fiction the narrator engages in the retelling of a collective experience, allowing the first-person voice to fade. When she writes that "mi propia vida no interesa, pero sí la vida que me ha tocado vivir, en la medida en que mi vida está integrada en la vida de una generación cronológica" (*Los niños*, 10), Aldecoa demurs on the importance of interweaving her own life into the experience of her generation. In *Historia de una maestra*, however, she is able to intermingle her personal and professional history with the larger history of Republican Spain, resulting in the representation of an historical era with the benefit and experience of hindsight. The autobiographical essence of the novel, Aldecoa has written, lies in her "'pasión por la educación'" (cited in Alborg, 242), obvious in both the author's and Gabriela's life's work. In *Mujeres de negro,* Aldecoa continues this representation of a counter-discourse mounted through education, moving further afield from her own autobiography.

After the war, education in Spain became a controlling tool of the state: a way of limiting the dissemination of information to the "official" history, one which, for the most part, excluded any of Spain's revolutionary and intellectual tendencies, focusing rather on its triumphs over religious and political heretics throughout history. Despite her family's Republican associations, Aldecoa did not go into exile through the oppressive 1940s and 1950s. She describes Spanish society during these years as "rígida e inflexible, una sociedad que lo prohibía casi todo. La censura de la vida social, lo mismo que la intelectual, se dejaba sentir hasta la saciedad" ("Nosotros," 12). She stayed in Madrid, studying at the University of Madrid, which she termed "terriblemente mediocre" in an interview with Dupláa (*Memoria sí*, 16), and furthermore characterized as "una Universidad reprimida, mezquina, anémica, acobardada, reflejo de toda la situación del país" (Aldecoa, "Nosotros," 12). Aldecoa may have physically remained in Spain,[5] but she and her peers "soñábamos con salir de la situación política del país y con salir físicamente de España" ("Nosotros," 19). Her form of protesting the conditions in the University and her opposition to the Franco dictatorship was to align herself with a group of writers who rarely went to class and, later, to travel outside Spain with her husband. In the mid-1950s, when their daughter Juana was of school age, Aldecoa faced the grim state of education in Spain: public and private schools were dominated by Franco's conservative political ideology and the Catholic church's dogma. Drawing on her fond memories of the Republic's primary schools and her research on pedagogical methods in the United States and England, Aldecoa established her own primary school in Madrid, dedicated to free thought, dialogue and unbiased learning. At a time when very few schools had a liberal orientation, Aldecoa's Colegio Estilo drew the children of artists, intellectuals, jailed political officials, and teachers purged from the profession by Franco's conservative standards. It became a school for the inner exiled, determined to provide its students with the "unofficial" history, a goal shared by Aldecoa's trilogy.

In *Mujeres de negro*, Juana picks up the narration where her mother left off in *Historia de una maestra*. Mother and daughter have moved to the Nationalist-controlled provincial capital after Ezequiel's death, and Gabriela patches together a living by teaching private classes. When the war ends with Madrid's fall to the Nationalists, Gabriela's commitment to her Republican political ideology prevents her from teaching in Nationalist schools, and she loses most of her private classes for the same reason. She and Juana emigrate to Mexico, where Gabriela marries a Mexican man. Gabriela decides to establish a school for the children of Mexican laborers despite a modicum of local protest. One Mexican woman tells Gabriela

> " . . . que está muy mal visto que tú te prepares tu escuela y enseñes a los indios lo que no les interesa . . . Que me dicen los padres que a qué viene ese afán teniendo ellos colegios suficientes donde acoger a estas criaturas . . . que aquí no parece bien eso de no enseñarles la santa religión, Gabriela . . . Encima viniendo de España, que lo menos que dirán es que eres comunista." (Aldecoa, *Mujeres*, 81)

Gabriela's application of many of the same methods she used in transforming rural Spanish schools under the Republic—secular, coeducational classrooms—receives the same response from Mexicans as it did from Spaniards: they balk at changes to the established order. Still, Gabriela persists, contending with local educational regulations and the argument that she is wasting resources on children who have no need for literacy, maintaining a well-regarded and progressive school for children who are eventually able to cross social barriers due to their educational level.

At the same time, Juana attends a school for the children of exiles, taught by exiled Spanish Republicans, in Mexico City. She describes a sense of belonging to Mexico mitigated by a feeling of longing toward Spain: the beginning of a pervasive identity crisis. The uneasy connection between the Spaniards who stayed in Spain—Aldecoa herself, for one—and those who lived in exile is expressed in a conversation between Gabriela and another exile in Mexico, as recounted by Juana: "Inesperadamente, la mujer dijo: 'Todos los que se han quedado dentro son unos traidores.'... Se hizo un silencio instantáneo pero enseguida intervino mi madre, aunque nunca había sido discutidora ni agresiva. 'Todos no', dijo con firmeza" (*Mujeres*, 96–97). This exchange reveals the author's purposeful intervention in bringing her experience and her character's closer together: she admits to having dreamed about leaving Spain in the quotation cited previously, but instead exiles her alter egos, Gabriela and Juana, in a counter-discourse to her own life lived in Spain. Aldecoa's Colegio Estilo, like Gabriela's school for Mexican children, seeks to provide a sanctuary of progressive learning in the midst of a hostile educational environment. Republican educational ideals serve as the inspiration for both the actual and fictional schools, and both establish a space for children of society's outcasts or castoffs, political dissidents or lower-class laborers. Sarah Leggott has argued that "although not physically exiled, Aldecoa's ideological stance places her outside the prevailing order during the postwar years," (122) thus connecting her inner exile to Gabriela's physical exile, juxtaposing her institutional refuge with Gabriela's, and underlying the autobiographical identification Aldecoa maintains with her trilogy.

In *Mujeres de negro*, Aldecoa's life is reflected not only in Gabriela's school but in Juana's return to Spain: she leaves Mexico to attend the University of Madrid during the 1950s. Much like Aldecoa, Juana befriends a group of activist students, meeting her future husband, who will go on to become one of the framers of Spain's new constitution in the last volume of the trilogy. Juana's experience at the University echoes Aldecoa's as she navigates an institution where free expression is all but prohibited, turning to her friends for frank discussions of politics and literature. Highlighting the disconnect between the University students and the oppressive nature of Spain's educational institutions, Juana also must navigate her divided national identity. One friend introduces her as "'Mexicana no, española ... Española trasplantada accidentalmente a México, pero española'" (Aldecoa, *Mujeres*, 135), while Juana herself wonders: "¿Será que no me siento totalmente española? ... ¿Seguiré aún encerrada, me preguntaba, en aquellos años de crisálida en México, sofocada por los hilos de seda que me abrazan y me paralizan?" (Aldecoa, *Mujeres*, 147). Juana's exile identity crisis is even more acute because she has lived significant portions of her life in Mexico and Spain. Attending a school for exiles, an oasis of Republican Spain in Mexico, and encountering her left-leaning friends at the University in Madrid, an oasis of progressive thinking in dictatorship Spain, Juana's experiences again demonstrate Aldecoa's usage of educational institutions to trace her generation's movements and discontent through modern Spanish history.

La fuerza del destino, the last novel in Aldecoa's trilogy, returns the narrative voice to Gabriela, who blends memories of the past with firsthand witnessing of Spain's entry into democracy in the 1980s. Gabriela returns to Spain after Franco's death, joining Juana, who lives in Madrid with her husband Sergio and son Miguel. *La fuerza del destino* records Gabriela's slow progression toward death, as she relives and reexamines the salient moments of her life. Her memories tease out details and nuances of her life story that were left unspoken in the first two volumes of Aldecoa's trilogy, such as her husbands' infidelity and her early romance with an African man. Gabriela's mental journey back to Guinea allows her to interrelate the educational missions that have determined the course of her life: "Había hecho en Guinea el mismo trabajo que iba a seguir haciendo en otros pueblos: educar, luchar para que los niños supieran más y en consecuencia se defendieran mejor de las injusticias a que estaban sometidos. Ésos eran los sueños grandes" (Aldecoa, *La fuerza*, 26). Although she is no longer teaching now that she has returned to Spain, Gabriela continues to view education as a determining factor in Spain's successful transition to democracy. She follows accounts of the new government's debate over the vindication of Republican teachers who suffered reprisals at the hands of Franco: "Un castigo de cuarenta años por haber querido preparar a los niños para un mundo más abierto y más justo" (ibid., 34). Gabriela's dreams of education have followed the Republic's through her exile and return to Spain. Now, she urges Juana and Sergio, who are involved in the drafting of Spain's constitution, to value education over economics: "¿Creéis que ha habido nunca un país libre sin un sólido cimiento cultural? Educad a los niños. Educadlos en la tolerancia, en la solidaridad. Transmitidles lo más importante que tenemos: la herencia cultural" (ibid., 114). Gabriela, who has made personal contributions to the educational advancement of children in Africa, villagers in rural Spain, and laborers in Mexico, is still intimately invested in the renewal of democratic Spain's educational institutions, where she asserts that "la verdadera revolución educativa no se ha hecho" (ibid., 75).

As Gabriela's health and memory deteriorate, she begins to confuse the present with the past: when, in February of 1981, Juana alerts her to the attempted coup in Congress, Gabriela is transported to the news of the military uprising in Africa that culminated in the outbreak of the Civil War and Ezequiel's death on July 18, 1936. Indeed, it seems that Spain's major historical events have fused with defining moments in Gabriela's own life: Juana is born the day the Republic is declared, Ezequiel is killed the day the Civil War begins, and Gabriela herself dies the day the Socialist Party wins the 1982 general elections. The personal and the historical unite to recount Spain's modern history and Gabriela's life story throughout Aldecoa's trilogy, which is made plain as Gabriela's dementia causes her to equate the two in *La fuerza del destino*. Aldeoca's autobiography, in turn, is represented in the pages of her novels as well: Gabriela's continued emphasis on education in determining the course of Spain's future is clearly aligned with Aldecoa's continued work as an educator in democratic Spain.[6]

These interwoven stories—the course of Aldecoa's life and that of her characters—map the history of contemporary Spain. The schools, students, and teachers that make up Aldecoa's novels tell the stories not only of three individuals—Josefina, Gabriela and Juana—but of a generation of Spaniards. Education is a point of reference for the *niños de la guerra*: they all experienced the educational reforms of the Second Republic; they all saw these reforms abruptly removed at the end of the war; those who remained in Spain sat in the conservative, religious, and repressive classrooms of Franco's dictatorship; those who were exiled lived Spain's postwar turmoil from afar, educated in liberal settings abroad; they saw the seeds of protest and rebellion planted in the University of Madrid uprisings in the 1950s and 1960s; many lived to hear of Franco's death and witness Spain's rapid transition to democracy.

Aldecoa's trilogy is an alternative, opposing force to the Regime's official history, as are most of Spain's postwar novels of memory. Aldecoa and her characters enthusiastically welcomed the Second Republic's innovative but brief educational reforms; in alternative, liberal schools, they taught the history of Spain that Franco disavowed; their university experiences were fraught with opposition and a desire to change Spain that was eventually realized. Aldecoa's interpretation of the state of Spain's and Spaniards' education through individual and collective voices illustrates the institutional nature of history. Contemporary Spain, and our analysis of its political and social influences, has been created through these social institutions. The stories of teachers and students illustrate a human perspective of history that an examination of the state or the nation, of policies and politics, or of sociological data cannot. Education and literature are united in Aldecoa's mind; it is natural for her to relate the two around a common goal:

> Lo que ocurre con la educación, que a mí también siempre me ha apasionado, es que no creo que esté tan lejos de la literatura. La raíz de las dos pasiones es la misma; que es el amor del ser humano, la solidaridad del ser humano y el deseo de comprenderse a uno mismo y luego comprender a los demás. (Alborg, 203)

History and fiction are intricately fused—not only in Aldecoa's trilogy, but in so much of Spain's contemporary literature—because the process of reexamining facts and data in order to understand the country's past is still incomplete. Without the personal, lived memory of individuals and of groups, history remains contextualized but not specific. How did teachers react to their role as political harbingers during the Second Republic? What effect did the Second Republic's educational reforms have on those in exile, who could still teach and learn independent thinking? How did those educators who remained in Spain after the war express their opposition to Franco's official rhetoric? These are questions that cannot be answered without personal, human discourse, and this is what historically-based, testimonial fiction provides us.

In 1997, as *La fuerza del destino* was published, Spain's Minister of Education under José María Aznár, Esperanza Aguirre, released a Humanities Decree, designed to coordinate the teaching of history throughout Spain. History classes in Franco's schools studied a restricted, highly censored view of the Second Republic, the Republican struggle in the Spanish Civil War, and the ongoing protests in postwar and contemporary Spain; more often, these topics were simply omitted. The decree aimed to end Spain's tradition of forgetting in favor of a more balanced and unified view of history. In an editorial in support of the decree, Antonio Muñoz Molina wrote: "la historia, igual que la ciencia, y a diferencia del dogma, está hecha de incertidumbres, de tentativas de aproximación. . . . Para entender el curso del tiempo, nos hace falta una noción clara de la sucesión de los hechos históricos, . . . la historia general se hace de muchas historias parciales" (16). Similarly, Aldecoa's trilogy is an approximation of history, a partial story that melds historical fact with a fictional creation, based on reality. Education is a touchstone in Aldecoa's trilogy and in Spain's modern history, becoming a thematic thread that merges a woman's individual testimony with a generation's collective memory through a defining historical period. The result is a fusion of individual and generational memory and testimony that lends a unique voice to the study of representations of Spanish identity, the meanings contained in Spanish history and the echoes of both in Spain's present-day society. Martín Gaite, writing on *Historia de una maestra*, summarizes this idea: "como en todos los relatos buenos, la historia con minúsculas es una pieza de relojería situada con precisión y esmero en el acontecer de la Historia" ("De tú a tú," 236).

The title of this article includes a phrase Aldecoa used to describe Spain's struggles with primary education throughout the last century: the battle of education. Educational reform has been a goal of each successive government in Spain: the Second Republic built and secularized schools; Franco's regime also built schools and reinforced Catholic dogma in education; since the advent of democracy, the Socialists and the Popular Party in Spain have sought to reintroduce a centralized curriculum in schools and improve its quality. Still, Aldecoa asserts, despite these efforts, Spain "no logró ganar del todo la batalla de la educación en las escuelas primarias. Son muchos los factores que han contribuido, sin duda, a este fallo: situaciones heredadas, presiones sociales, etc." (Dupláa, *Memoria sí*, 19). Through Aldecoa's historical memory trilogy, however, we are able to track the course of education for a generation of Spaniards—inside and outside of Spain—as well as for Josefina Aldecoa herself, not only allowing us to see the recent ramifications of educational transformations in the Partido Popular's Humanities Decree, for instance, but also to gain a greater understanding of personal and social impacts on the course of Spain's history. In this way, Gabriela and Juana's life *historias* fit into and illuminate our understanding of Spain's upper-case History.

NOTES

1. Because of this pause in her writing career, Aldecoa has stated that she does not consider herself a member of the same generation as the aforementioned writers (Alborg, 213); however, Alborg points out that Aldecoa credits these writers with having had a profound influence on her and her literary work.

2. See Aldecoa, *La enredadera*, *Porque éramos jóvenes*, and *El vergel*.

3. Martín Gaite, *El cuarto de atrás*.

4. Medio, *Diario de una maestra*. See Soliño, Alborg, 241–43, and Dupláa, *Memoria sí, venganza no*.

5. Despite her stays abroad during the postwar, the earliest of which was a summer in London in 1950, Aldecoa did not leave Spain on any permanent basis.

6. As of this writing, Josefina Aldecoa remains the director of the Colegio Estilo, and also continues to discuss education from the Republic through the present day in a variety of forums, including a 2004 interview (Penalver).

WORKS CITED

Alborg, Concha. *Cinco figuras en torno a la novela de posguerra: Galvarriato, Soriano, Formica, Boixadós y Aldecoa*. Madrid: Ediciones Libertarias, 1993.
Aldecoa, Josefina R. *El vergel*. Barcelona: Seix Barral, 1988.
———. *Historia de una maestra*. Barcelona: Anagrama, 1990.
———. *La enredadera*. Barcelona: Seix Barral, 1984.
———. *La fuerza del destino*. Barcelona: Anagrama, 1997.
———. *Los niños de la guerra*. Madrid: Ediciones Generales Anaya, 1983.
———. *Mujeres de negro*. Barcelona: Anagrama, 1994.
———. "Nosotros, los de entonces." In *Cinco voces ante el arte de narrar*, ed. Miguel García-Posada. Madrid: Comunidad de Madrid, Consejería de Educación, 2002. 11–19.
———. *Porque éramos jóvenes*. Barcelona: Seix Barral, 1986.
Ballesteros, Isolina. *Escritura femenina y discurso autobiográfico en la nueva novela española*. New York: Peter Lang, 1994.
Dupláa, Christina. "La voz de Josefina R. Aldecoa, pedagoga y escritora 'Lo que más me interesa es el ser humano': Una familia de maestras: Entrevista realizada por Christina Dupláa." *Duoda: Revista d'Estudis Feministes/Revista de Estudios Feministas* 15 (1998): 113–28.
———. *Memoria sí, venganza no en Josefina R. Aldecoa: Ensayo sociohistórico de su narrativa*. Barcelona: Icaria, 2000.
Herzberger, David K. *Narrating the Past: Fiction and Historiography in Postwar Spain*. Durham, N.C.: Duke University Press, 1995.
Leggott, Sarah J. *History and Autobiography in Contemporary Spanish Women's Testimonial Writings*. Lewiston, N.Y.: Mellen, 2001.
Martín Gaite, Carmen. "De tú a tú." In *Agua pasada: artículos, prólogos y discursos*. Barcelona: Anagrama, 1993. 236–38.
———. *El cuarto de atrás*. Barcelona: Ediciones Destino, 1978.
Medio, Dolores. *Diario de una maestra*. Barcelona: Destino, 1961.
Muñoz Molina, Antonio. "La historia y el olvido." *El País*, November 9 1997, sec. Opinión: 15–16.
Pascual Solé, Yolanda. "*Historia de una maestra, Mujeres de negro* y *La fuerza del destino* de Josefina Aldecoa. Una trayectoria vital: del exilio al no destierro." In *Exilios femeninos*, ed. Pilar Cuder Domínguez. Huelva, Spain: Universidad de Huelva, Instituto Andaluz de la Mujer, 2000. 397–407.
Penalver, Alejandra. "Josefina Aldecoa habla de literatura y muestra sus armas de educadora." *El Mundo*, August 12, 2004, sec. UVE: 40.
Resina, Joan Ramon. *Disremembering the Dictatorship: the Politics of Memory in the Spanish Transition to Democracy*. Portada hispánica; 8. Amsterdam: Rodopi, 2000.
Soliño, María Elena. "Tales of Peaceful Warriors: Dolores Medio's Diario de una maestra and Josefina R. Aldecoa's Historia de una maestra." *Letras Peninsulares* 8.1 (1995): 27–38.
Talbot, Lynn K. "Entrevista con Josefina R. Aldecoa." *Anales de la Literatura Española Contemporanea* 14.1 (1989): 239–48.

PART VI

Echoes and Silences

11. *El país del alma* en las geografías literarias de Nuria Amat

Marta E. Altisent

Nuria Amat, escritora catalana de la generación nacida a mitad del siglo, responde al perfil raro de escritora bibliotecaria—raro en el sentido de poco corriente y difícil de encontrar. Amat es "escritora de escritores" y su atracción hacia las bibliotecas le ha permitido ensanchar incesante y temerariamente sus geografías y parentescos literarios.[1] Desde los años setenta transita por las ciudades literarias en las que ha vivido y por geografías que ha leído y ha hecho suyas. Su escritura des-centrada y cosmopolita se conecta a la de otros autores tránsfugas que escriben a contracorriente de una tradición nacional, como Juan Goytisolo, Enrique Vila Matas y el mexicano Juan Villoro, autores que habitan la patria de la literatura y han sabido transformar sus contextos culturales, históricos y epocales en textualidades marginales con respecto al dirigismo de la política oficial o las presiones del mercado editorial.

Con una firme carrera literaria de más de quince libros publicados desde los años setenta, la autora alcanza celebridad nacional en 1997 con su novela semi-autobiográfica, *La intimidad*, y dos años más tarde, con *El país del alma*, que quedó segunda finalista del premio Nadal. En su novela *Reina de América* (Premio Ciudad de Barcelona 2002), el referente autobiográfico se expande a la conflictiva Colombia actual, consolidando su notoriedad en el ámbito latinoamericano e internacional. Este relato, narrado por una aprendiz de escritora, testimonia los estragos de la droga en una comunidad costera colombiana al tiempo que cuestiona las representaciones románticas y mágicas del trópico.[2] La reciente biografía de Juan Rulfo y la refundición española e inglesa de sus glosas de Emily Dickinson *(Amor infiel. Emily Dickinson)* siguen reafirmando la repercusión transatlántica de su obra.

Fruto de la pasión bibliotecaria de Nuria Amat son sus libros: *Todos somos Kafka* (1993), *Viajar es muy difícil* (1995) y *Letra herida* (1998), "ejercicios meta-meta narrativos" como los denomina José María Valverde, particularmente significativos en cuanto a reveladores de su propia poética. Son textos inclasificables que participan del registro relativista y anti-académico de la mejor prosa ensayística actual (en castellano y catalán): la de Pere Gimferrer, Montserrat Roig, Rafael Argullol, Javier Cercas o Antonio Muñoz Molina. En ellos, la biografía literaria de los grandes escritores del siglo se funde con la autobiografía ficticia, y la esencia plurilingüe y trashumante de su literatura se refleja en la propia escritura de Amat, en la que se hace difícil deslindar su experiencia especulativa de la creativa. Este cruce de fronteras formales entre ensayo novelado, biografía literaria, dietario, autobiografía y microrrelato[3] resulta en la imbricación enriquecedora y enloquecedora de categorías literarias que ella denomina "efecto biblioteca":

> ¿Cómo es posible que una bibliotecaria tan devota de los libros como es ella se convierta en la mayor transgresora del texto en el momento de escribirlos? La culpa es, dice la escritora, del "efecto biblioteca". Tantos libros vistos y leídos, tantas citas aprendidas y olvidadas entorpecen el camino libre y nítido de laescritura, si es que existe todavía, una escritura pura y limpia. Ante cada proyecto de escritura todos los padres adoptivos de la escritura, autores fundadores de la Literatura con mayúsculas, se le aparecen formando corro en derredor suyo y la observan justicieros, mientras ella trata de imitarlos. *(Letra herida*, 191)

En *Viajar es tan difícil*, la búsqueda de la propia voz se da por medio de diversas apropiaciones y adopciones de autores como: Charlotte Brontë, Kafka, Katherine Mansfield, Chejov, Rulfo, Rodoreda o Becket, configuradores de una literatura del vacío y del silencio que la escritora interroga y que la llevan a ahondar en el secreto de sus suicidios literarios; a conjeturar sobre la radical inadaptación lingüística y vital que conformó su compromiso creativo. Amat multiplica pretextos y parentescos literarios, transmigra de géneros, épocas y geografías lingüísticas, combatiendo la ansiedad de la influencia (y autoridad del canon) con la invención de consaguinidades literarias hasta lograr que las voces muertas polemicen con las vivas, según la premisa de Virginia Woolf de que "no hay tradición que viva sin nueva creación que la aliente, pero tampoco hay creación que prospere sin una tradición en la que radicarse" (*Una habitación propia*).

Este diálogo literario ininterrumpido es una identificación intelectual y afectiva similar a la que Azorín bautizó en su día con el nombre de *sinfronismo*, o coincidencia de sensibilidades separadas por épocas y espacios distantes. *Sinfronismo* metaliterario, exilio interior y disociación bilingüe forman el hilo conductor de un pensamiento que se ramifica y universaliza en cada libro, de una escritura concebida como sueño y aventura intratextual al mismo tiempo, en la que es difícil deslindar lo autobiográfico, lo poético, lo teórico y lo ficcional. En *Letra herida*, explica "a veces sueño con escribir libros raros, libros ilegibles. Son esos libros ilegibles los únicos libros verdaderos. Absolutos. Libros que transmiten la auténtica emoción del escritor. Libros que se escriben durante el sueño... Mi desafío como escritora es volver a recuperar la voz de mis textos ilegibles. Cuando empezaba a escribir y las páginas se torcían con el peso de tanto contenido sacrificado en aras de la gran literatura. Textos para nadie, que diría Beckett" (203).

La novela que aquí nos ocupa, *El país del alma*, mantiene en perfecto equilibrio la indagación de la voz, el espíritu y la creatividad femeninas con la crónica socio-histórica de la Cataluña silenciada de los años cuarenta. La posguerra está vista desde una subjetividad unanimista y lírica, en la que "las tensiones afectivas son mucho más profundas que las sociales" (Masoliver Ródenas 12–13). Amat expande aquí las claves histórico-autobiográficas de *La intimidad* centrándose en la generación interrumpida de sus padres, generación "sin juventud" a causa de la guerra que llegó a la madurez en la opresiva posguerra. El retrato sentimiental de la burguesía ilustrada, instrumental en el reajuste económico de la ciudad, acerca su historia a otras sagas barcelonesas, desde *La febre de l'or* de Narcís Oller, *L'auca del senyor Esteve* de Santiago Rusiñol, *La fabricanta* de Dolors Monserdá, *Mariona Rebull* de Ignacio Agustí y *Mirall Trencat* de Mercè Rodoreda hasta *La ciudad de los prodigios* de Eduardo Mendoza.

El país no cuestiona las contradicciones del colaboracionismo político de la burguesía catalana con el centro. Se enfoca en la tenacidad de esta clase por sobreponerse a la mediocridad de los tiempos. Las aspiraciones artísticas de dos almas tímidas como son Nena Rocamora y su marido, Baltús Arnau les permiten elevarse del entorno humillante de la dictadura. Son como una música callada, hermosa e inútil, que carece de resonancia y de futuro. A diferencia de la nueva vanguardia catalana sumergida, que dará preeminencia artística y cosmopolita a la ciudad en los años sesenta, estos románticos rezagados sólo proyectan sus sueños hacia dentro, hacia el "país del alma".

El pulso del sentir colectivo se refleja en la lengua poemática y truncada de Nena Rocamora. Sus deseos y gozos impacientes crean un contrapunto con el lento restablecimiento del entorno. En el exilio lingüístico del pequeño país, los poemas inarticulados de Nena son una gramática alternativa a la lengua oficial; palabras que se extinguen a medida que la ciudad resucita con prometedores signos de vitalidad cultural. Siguiendo la analogía musical que E. K Brown ha aplicado a la estructura de *To the Lighthouse* de Virginia Woolf,[4] el resurgimiento de Barcelona en *El país* es una sinfonía con tres movimientos: uno de desintegración, presidido por la memoria de los muertos y las represalias de la Guerra Civil; un segundo movimiento de integración, con la restauración de los privilegios burgueses y los ritos culturales que afirman la identidad catalana, y un tercer momento de reintegración, que coincide con los fastos del Congreso Eucarístico de 1952, que dan a Barcelona relevancia internacional. A la oscura época de depuración y ostracismo franquista iba a suceder una etapa de desarrollismo y apertura a Europa que es el fundamento de la Barcelona actual. Al retrato moral y artístico de esta crónica ciudadana, nos referimos en la segunda parte de este artículo.

LAS PALABRAS DEL ALMA

La vida breve de la protagonista es la elegía que subyace tras esta sinfonía barcelonesa. Sus poemas son deseos excesivos que tratan de liberarse de la cárcel del lenguaje hasta la última exhalación. Marcan esos ritmos corporales o *jouissance maternelle*, que Héléne Cixous y Julia Kristeva han relacionado con la *écriture feménine*. En *Viajar es muy difícil*, Amat ya articuló las claves de este idioma enajenado, ahondando en la psico-biografía de autores y autoras marginados, reales e inventados, vivos y muertos que encaminaron su escritura hacia la semiótica de la melancolía. Los testimonios de Ana Frank, los desasosiegos de Pessoa, la paranoia de Kafka, las aprensiones de Cavafis y las amarguras de Antonio Ferro, Walter Benjamin o Thomas Bernhard están en el centro de esta guía de aprendizaje de la melancolía y la decepción. El discurso fragmentado de Jane Bowles, Dora Carrington, Lucía Joyce y otras vidas femeninas encerradas se convierte en signo de la conflictiva psicodinámica que se da entre creatividad y frustración sexual y de los efectos detrimentes que el amor y la dependencia afectiva tienen en la creación femenina. El talento truncado y la palabra desarticulada de estas "escritoras sin obra," a la sombra de padres, esposos y amantes intelectuales, son (como ya indicó Sandra Gilbert) una hipérbole de la prisión desorganizada del lenguaje modernista. Amat ausculta sus silencios fértiles y solitarios, en medio de sus recaídas cada vez más insondables en lo semiótico y lo incoherente hasta la desvalidez total. Caídas precipitadas por el abandono de aquéllos que les dieron el rol incapacitador de musas, y quiénes, al quedar ellas anuladas, sufrieron una contaminante esterilidad creativa (*Viajar* 98). El ejemplo de Lucía Joyce, que para su padre encarnaba la patria materna amada y "detestada" (*Viajar* 96), es el más elocuente.

La lengua que inventa Nena Rocamora, como la lengua rota de Lucia Joyce, es una lengua que juega con los poderes del silencio; un habla torpe y solitaria que alegoriza el impulso del habla materna soterrada (el catalán), cuya creatividad perseverante y cargada de futuro para los demás le ha sido negada por su orfandad, enfermedad e invisibilidad femenina. Como la autora explica en *La intimidad* y en *Letra Herida*, la niña Nuria rellenó el silencio paterno y la muerte de su madre con una lengua distinta: un castellano sordo y descorporizado que objetivaba con más nitidez su mundo interior desvinculado del orbe familiar. La obliteración del catalán en la oscura Barcelona de los años cincuenta y los sesenta es la circunstancia histórica que Nuria asume inconscientemente, eligiendo el castellano de su cuidadora, en lugar del habla familiar, como gesto disidente y liberador de la sombra de la madre ausente. Esta temprana elección de lengua equivale a una fantasía auto-generativa inextricablemente unida a su vocación creadora:

> Al morir mi madre, yo que aún no hablo, me quedo sin el lugar del habla. Me roban la memoria. Dicen que mi madre era catalana... Yo hablo, cuando consigo hablar el idioma de la calle. Mi madre ya no vive en ese idioma. En ese idioma mío, de mi madre, sólo queda el agujero negro de su desaparición. En mi idioma, la muerte de mi madre deja de ser una celebración doméstica o el altar sagrado... Y yo me siento bien en este exilio fraudulento de idioma castigado. La orfandad es una especie de exilio involuntario. En ese espacio de orígenes dudosos me gusta inventar palabras. Sólo las palabras inventadas son capaces de aliviar esta tristeza de falta de palabras. Mi lengua es impura y a mí me gusta oscurecerla todavía más. Escribo en secreto en este idioma áspero, difícil y bastante inconfortable. Un idioma que voy haciendo mío, a medida que crece mi escritura. El idioma que poco a poco consigue separarme del idioma incomprensible de mi madre. (*Letra herida*, 131)

Del mismo modo, Nena lucha por romper el hechizo de la ausencia materna inventando una tercera lengua que es la de la escritura literaria o "una lengua que tengo que hacer mía diariamente" (*Letra herida*, 138). Su monólogo, interjectivo y nominal, registra el gozo de las pequeñas cosas junto al temor de la propia caducidad. En su libreta negra se acumulan sensaciones y alumbramientos de la vida cotidiana, porque "escribir es hablar hacia dentro y vivir literariamente es vivir dos veces" (153). Esta habla hecha de apuntes de emociones subraya la discontinuidad lingüística de tratar de acercar la palabra a la vida; de fijar el pensamiento acelerado en ecos e imágenes que lo prolonguen: "Todas las palabras son inútiles decía. Pero consiguen entrar en mi cabeza y me enredan en su juego. Si no entro en ese juego, no existo y si las escribo, me repito dos veces". (63) "Mi lengua rompe el nacimiento de las palabras y las destruye antes de acabarlas" (152).

Ante la imposibilidad de hacer avanzar las ideas en la escritura y su renuncia al deseo literario de embellecer las palabras, Nena se entrega al sentimiento de la palabra ajena, descubriendo que la "lectura también es un disfraz de la personalidad," un "baile de voces" que se instala en su cerebro.[5] También Baltús sublima su creatividad frustrada en la lectura, pero la avidez lectora de Nena abre con más fuerza la herida de los dolores y epifanías inarticulables, una herida que llega más rápida que las palabras anulando el impulso de transcribirlas: "Si Nena prefería coser poemas de sus costuras interiores, era, porque decía que la tristeza de los versos pasa más deprisa. Los versos llegan más hondo y duelen menos. Son punzadas en el corazón. Nena era una lectora de alientos desmayados. Una cuidadora del alma. Por eso, cuando voy a escribir, la voz me abandona y deja y el espíritu deja ausencias en el aire. Ella decía, a otra cosa mariposa. Las palabras son ropas que me resbalan del cuerpo y las dejo abandonadas a su suerte. Perdidas" (80).

La metáfora de una escritura poética hecha de puntadas que asoman en la superficie continua de la página en blanco culmina en la fórmula puntillista de Mercé Rodoreda. En el climático encuentro de Nena con la autora exiliada en un bar de Ginebra, ésta le explica que ha cambiado la escritura por la costura para poder sobrevivir. Después de esta conversación, Nena explica a Baltús que las palabras de la Rodoreda son pespuntes del alma, ensueños reducidos a punzadas en la tela de todos los días: "muchas modistas son escritoras moribundas. Deshacen por la noche, las costuras cosidas durante el día . . . porque para escribir bien hay que empezar siendo una humilde costurera de palabras" (165). La disciplina de pulimentar la labor compositiva, de hacer de cada palabra un punto imprescindible que cuenta y conecta la composición, forma parte de la poética paciente, morosa y a la vez ligera, de estas dos escritoras catalanas.

La letra muerta de la escritura hace que las vivencias refuljan en su caducidad y Nena las invocará cada vez con más urgencia para paliar el dolor de su transitoriedad/enfermedad y para transformarlas en tiempo: "sus poemas eran como notas amorosas de admiración y suicidio. A fin de cuentas, el dolor era el mismo" (118). Consciente de que sólo se puede enunciar lo ya acontecido, su locuacidad coincide con el testimonio inmediato y puntual de los incidentes dispersos que llenan su vida o que van a llenar otras vidas cuando ella falte. En su carta-testamento a Baltus, la visión del futuro se hace ya presente:

> Los árboles quieren despedirse. El verano muere en el jardín de los cerezos. Pronto llegará el invierno y las niñas escupirán el frio en sus pañuelos. El agua de la piscina será de hielo y caramelo. El sereno volverá a quedarse dormido en la silla de la cocina. El sereno guarda las llaves de nuestros secretos nocturnos. Alguien gritará tu nombre y tendrás que

levantarte a tientas de la cama y correr medio desnudo a donde nace el grito. El sueño inquieto de las niñas te despertará como una bocina de socorro. No será nada. Un punto y aparte en la memoria de las cosas. Nostalgia de sueños perdidos. El farolero cruzará de un lado a otro la calle. Las farolas se despiertan en inverno. Vendrá el cartero a traer noticias. Aquí todo es viejo y nunca pasa nada. (*País*, 338)

Gradualmente, el habla de Nena se deshila de la euforia al recogimiento y de la voz al silencio. Su palabra aspira a un panteísmo metacomunitativo exento de voluptuosidad estética: "Escribía cosas en el aire. Eran, dijo, como granos de poemas" (117); "restando importancia al deseo literario, podía atreverse a fijar palabras en las hojas o el viento" (118). Es un lenguaje de imágenes o palabras mentales que solo iluminan las galerías del recuerdo ("rezaba porque la vida era el paisaje ciego de la memoria").

La enfermedad y el destino maternal arrebatan a Nena la palabra y la identidad. Como en el caso de Colometa de *La plaça del Diamant*, sólo le queda anhelar para sus hijas la vida (creativa) que le ha faltado. Esta ansiedad se comprime hasta reducirse a la elección del nombre como sueño embrionario de otra vida femenina, porque en *el país del alma*, "ellas parían *hijos* como ofrendas al verano. A un verano, le seguía el hijo del siguiente verano. Los nombres que ponían a los hijos eran las pequeñas esperanzas de las personas. Había nombres sin memoria. Estos eran ahora los nombres preferidos. Nombres para el olvido. Como sombreros anónimos" (55). Nombrar "Aloma" a la más melancólica de sus hijas, responde a este propósito idealizador.

La insuficiencia vital y verbal de Nena y su discurso autista y al borde de lo inefable, lleno de congojas y epifanías exhaladas hasta el último aliento, se convierte en signo del sentimiento patrio inefable como suma de carencias; una hipérbole de ese hablar a *sotto voce* o "hablar con la boca cerrada" (117) de sus coterráneos.

El ritmo sincopado de la frase, la elipsis, la sintaxis fragmentaria, la construcción anafórica, la intercalación de greguerías, máximas, letanías y poemas prosaicos en la prosa poética; el uso del presente histórico y de una agencia narrativa que funde la primera y la tercera personas (deslizándose desde Nena al baile de voces de su alrededor), son recursos que responden a una prosa neovanguardista, evocativa de la de Marguerite Durás, Katherine Mansfield, Virginia Woolf, Jean Rhys, la Rodoreda de *Jardí vora el mar* o Clarice Lispector. Como en la escritura de aquéllas, la poesía aparece como "imagen de la poesía"; un metalenguaje que hace de la escritura horizonte constante y contrapunto del drama cotidiano. Al dar prominencia a los libros, poemas y lectura, como exilio de la realidad, y al hacerlos vínculo comunicativo entre quienes sueñan los mismos sueños, la literatura es una forma de vida mimética que da sentido a la vida de los personajes, creando una metacomunicación entre ellos y con el lector. Zulema Moret ha subrayado cómo en esta novela de Amat "las referencias literarias se hacen más presentes y metonímicas en la vida de los personajes."

LAS PALABRAS DEL PAÍS
Desintegración

La primera parte de la novela aparece ensombrecida por la memoria de la violencia, el despojo y los muertos de la guerra, enlazada con la limpieza lingüística y la depuración política con que Franco castigó a rebeldes y a traidores, incluidos los jóvenes de derechas de la llamada "quinta del biberón", que como Baltús sufrieron tres años de cárcel y servicio militar por haber vivido en la zona roja. El recuerdo de una ciudad socialmente escindida por la revuelta de las izquierdas en 1937, por el asesinato de Andreu Nin junto a diez mil anarquistas y por los campos de concentración en que murieron los últimos catalanes exiliados, pese al olvido activo y consensuado. Parte de ese recuerdo lo encarnan apariciones como Ramón, sobreviviente de Mauthausen, que vuelve para contar los horrores del nazismo, y a quien le oímos decir que "llorar es algo que dejo para más tarde, cuando ya esté muerto del todo" (100).

La perspectiva dominante es la del catalanismo conservador de los herederos de la Lliga Regionalista de Cambó. Esta Cataluña de "familias austeras, católicas, sencillas y catalanas" que limitan su disidencia a la celebración de actos lingüísticas y culturales. Un "mundo lejos de la realidad proletaria, del hambre y de la sangre de la larga posguerra—dice Juan Antonio Masoliver Ródenas—cuyo atractivo reside en la carga humana de los protagonistas". Sus tristezas y decepciones, vividas desde dentro, ofrecen veracidad más que aleccionamiento, constatando la antiheroica condición de una generación perdida, cuya sensatez impotente forma parte de la historia de fracasos y contradicciones del país pequeño y de la propia familia Amat. La determinación acusatoria ya no actúa y se ha borrado con el revisionismo. No encontramos un *mea culpa* de la aquiescencia burguesa con su opresión, sino una nueva certeza de que sin la revisión del pasado no existe el porvenir.

Integración y regeneración

La endogamia de esta burguesía tiene como correlato objetivo el topos de Nava de Mura y Almadora, pueblos aún no asimilados a la gran ciudad, que exhiben sus torres ajardinadas como fortalezas. Allí, el idilio de Nena y

Baltús pertenece a un mundo marcado por el ritmo paciente de la espera y por la idealización amorosa, evocador de las odas de Joan Maragall, el poeta posromántico que sacrificó sus ansias de infinito al fervor uxorial y paternal, y que mejor supo cantar en lengua catalana las dichas de la vida doméstica. En su recoleto barrio de San Gervasio, como en la Almadora de Amat, el poeta vivía protegido, aunque no ignorante, de las convulsiones sociales y políticas que afectaron a la ciudad del cambio de siglo y que él iba a denunciar en sus colaboraciones en el *Diari de Barcelona*. La vida apocada y luminosa de Nena Rocamora pertenece a una época moderna pero igualmente marcada por el culto al ritual, reinstaurado como forma de ahuyentar el miedo a las convulsiones recientes.

El retrato de la alta burguesía de Sarriá, con su ritmo pausado, su austeridad cristiana y su elegancia discreta es otra versión sentimental y reconfortante de una época de transición, en que la clase dominante se aferró a sus conquistas, restaurando un equipaje de ritos, sueños, mitos, deseos, poesía y melodrama con que sublimar lo que verdaderamente eran, querían o hubieran querido ser.

Los ritos amorosos y familiares de los Rocamora-Arnau se entrelazan con las festividades del calendario religioso y el evangelio de las libertades culturales con que el país pequeño celebra su identidad, cuando "la política quedaba embalsamada en asociaciones culturales, parroquias, centros de beneficencia y partidos de fútbol" (*País* 35). Los preparativos de boda constituyen un prolegómeno excesivo para una ceremonia "demasiado rápida y lluviosa" que deja al lector entre la intemperie y la nostalgia de unos años en que "la lluvia era la infelicidad de la vida, por eso era necesaria" (101). El inventario de rituales, modas, enseres y objetos con valor sentimental destaca la necesaria sed de restauración de lo perdido; un orgullo de retener lo heredado más que de acumular y en el que el protocolo se impone a la avidez consumista. El Stromberg de color negro, los regalos y el *trousseau* exhibidos en el *hall* de la casa para las amistades, la ceremonia en la Iglesia de la Merced rodeada de pordioseros, el radiotelegrama de felicitación del Vaticano, el contorsionado menú de boda, la luna de miel en Canarias o el peregrinaje anual a Suiza, son datos que reconstruyen este mundo epigonal, pintado con un primor lírico e inmovilista que evoca otros universos sentimentales eclipsados: la Granada de *Doña Rosita* de Federico García Lorca, la Palma de Mallorca de *Bearn* de Miguel Villalonga y el barrio de la Bonanova en *Mirall trencat*, por ejemplo. La modernidad que apunta está marcada por la fuerte presencia de iconos del cine, la radio, el periódico y la cultura popular de los cuarenta y los cincuenta, cercanos a los que describe Carmen Martín Gaite en sus *Usos amorosos de la posguerra*. Un tímido goce vital asoma entre los más jóvenes, como los cuñados de Nena, Lola y Roberto, que buscan la continuidad interrumpida y se atreven a proyectar sus sueños en el posibilismo de la prosperidad capitalista (turística, empresarial, inversora) como sucedáneo de la libertad, porque "la libertad vivía como flor de invernadero en el interior de muchas casas. Para cuando sea el momento de salir afuera, decía la libertad" (317).

La pasión del arte y la estética vital cataliza aquí el verdadero sentido del catalanismo barcelonés, por encima del fervor político o el sentimiento de agravio. La supresión de la lengua propicia un arte cercano a la estética del vació y el silencio. El fervor filarmónico será el más repleto sucedáneo a la palabra, porque "la música, incluida la de Wagner, no tiene idioma" (135). La música que Frederic Mompou ofrece en las veladas musicales de Almadora será otro símbolo del papel compensatorio del arte en el silencio de estos años (153, 220, 233).

Nena Rocamora cataliza todas las inarticuladas aspiraciones del clan familiar y del cerco de amigos artistas e intelectuales que, desde el exilio real o interior, histórico o inventado, alientan el recuerdo de la patria interrumpida. El apartamento de Mercé Rodoreda en Ginebra; la muerte del poeta Adam Mestres en un campo de concentración, trasunto de otros desterrados como Carles Riba o Josep Carner; el experimentalismo compositivo de Mompou y la mención de un patrimonio pictórico *noucentista* aún minusvalorado (Isidro Nonell, Joaquim Sunyer y Manuel Torres García), cuyos cuadros "estaban colgados de las paredes, pero costaba adivinarlos. Había que perseguirlos con la mirada como si fueran quejas imprevistas que colgaban de las paredes oscuras" (39), configuran ese país del alma, cuya diáspora artística empieza a aportarle resonancia internacional.

Al valor integrativo del arte y la recuperación industrial, se une el fervor reproductivo, exigencia de ciudadanía femenina que aquí es asumida con idéntico entusiasmo por Baltús. En contrapunto con la ubicua presencia de la muerte ("a la muerte había que morderle fuerte para que no hiciera tanto daño" [101]), se reitera el milagro de los nacimientos que refuerzan la mística femenina del momento. La maternidad es creativa y dolorosa, se lamenta y se anhela como exigencia impuesta desde fuera (la propaganda repobladora) y como salvación individual. Parir hijos se convierte en un escudo de la muerte, que hace de los padres "pequeños dioses creadores":

> Todas tenemos hijos, pequeños pedazos de carne que tiemblan y respiran.
> Tener hijos, pensaban las dos madres, era un gesto de amor al mundo.
> Pero también dejaban cicatrices. Concedían un amor hipotecado. Los hijos eran una enfermedad que las mujeres sacaban de su cuerpo para liberar la culpa de ser mortales. Los hijos te apartaban de la muerte. (292)

Reintegración

El avatar histórico de la ciudad se va perfilando en el ritmo exacto y preciso de los preparativos que culminan con el Congreso Eucarístico de 1952, la olimpiada religiosa que propició un coqueto engalanamiento de la ciudad y que rompía la grisura de los años con un tímido acercamiento a Europa y con la inminente llegada del Plan Marshall se convierte en una metáfora de la "reconciliación". El generalísimo cambia sus crímenes por funciones cardenalicias. Como dice la narradora: "El dictador desde su terreno particular en el centro del país miraba a la ciudad sobresaliente de España con un ojo tapado y el otro retorcido en el ombligo del estado. Pero los de aquí trabajaban mirando hacia arriba, hacia Europa... Había el dictador que dictaba órdenes de ejecución irrevocable de algunos presos políticos y había el dictador que bendecía iglesias, pantanos, acueductos y brazos incorruptos de Santa Teresa" (302).

El fasto religioso supone la redención de la disidencia nacionalista y antifascista de los catalanes, propiciando una falsa reintegración. A la etapa de represalias y sanciones seguira otra de concesiones económicas al país rebelde: como la licencia de fabricación de automóviles SEAT que, poco después, iba a movilizar a cien mil habitantes del "país del sur" al "país del norte". Las pequeñas subversiones y pronunciamientos culturales de esta burguesía "con el alma secuestrada", no están exentos de ironía. Subrayan una aquiescencia con el *statu quo* que anulaba sus esperanzas de autonomía política a cambio de la restauración de sus privilegios.

En suma, la crónica Barcelona de aquellos años, "respetuosa, abierta, europeísta y plural", con una cultura sumergida pero viva y de mayores posibilidades de proyección universal tiene el valor añadido de servir de contrarrelato del presente. Más que acusación ideológica, transpira el rechazo a un catalanismo dependiente del grado de parentesco con el poder. Como explica la autora en una entrevista a José Ribas, eligió la Cataluña soterrada de estos años, en lugar de la del presente, porque "de una cultura no se puede hablar desde su nacionalismo, sino de forma plural, abierta y respetuosa". Le resultó más convincente utilizar el castellano para distanciarse de lo que se guarda en el alma.

La dicha amorosa que Nena no se atreve a enunciar es un lúcido descanso del dolor, el vacío y la muerte. Escribir es hablar hacia dentro y vivir literariamente es vivir dos veces. Para Baltús y Nena, el amor y muerte son la única libertad. En el jardín secreto de la casa de las rosas, su afecto queda más allá de las historias (153). Es el sueño bohemio del amor burgués. Este amor que se torna "la fiebre de una ola bailando en un mar sereno" (153) y que evoca la espiritualidad y la *rauxa* romántica de un pueblo abrumado por el *seny*.

NOTAS

1. La otra profesión de Nuria Amat, la de profesora e investigadora de la Escuela de Bibliotecarias, alienta la quimera (recurrente en sus novelas) de reconstituir la biblioteca perdida de su padre. Transitar por las bibliotecas con la "osadía de atreverse a escribir y publicar libros sobre bibliotecas", es tarea que a menudo enfrenta a la novelista con los bibliotecarios (resentimiento del que el propio Borges pudo dar respuesta pues también a él le amargaron la vida). La biblioteca es para Amat, la fuente de su inseguridad de escritora y el origen o misterio que la empuja a la escritura, que la impulsa a parodiar y transgredir la documentación hacia una escritura nítida y simple, no nacida de la imitación.

2. La novela, galardonada con el premio Ciudad de Barcelona (2002) y finalista del premio Rómulo Gallegos, ha sido respaldada por críticos tan prestigiosos como Alfredo Bryce Echenique, Carlos Fuentes, Angeles Mastretta, Rosa Montero, Juan Goytisolo, Julio Ortega, Cesar Aira y William Ospino. Su lanzamiento en inglés con el título *Queen Cocaine*, Trad. Peter Bush (San Francisco: City Lights, 2005) ha ampliado el reconocimiento internacional de la autora. La vocación americana de Amat, fomentada por sus contactos barceloneses con los escritores del *Boom*, por su primer matrimonio con Oscar Collazos y su estancia en el Chocó colombiano a los veinticuatro años donde dio a luz a su primera hija, cierra su círculo en este retorno literario a la Colombia.

3. La hibridación de géneros se da también en *Amor breve* (1990), *Monstruos* (1991) y *El ladrón de libros* (1990), donde la autora experimenta con formas breves como el microcuento, la aporía, la parábola y las máximas.

4. Me valgo aquí del término acuñado por Ralph Freedman (*The Lyrical Novel*) y E. K. Brown (*Rythm in The Novel*), al analizar la musicalidad de la novela modernista. Brown ahonda en la estructura de sonata de *To the Lighthouse* apuntada por E. M. Forster (*Rythm* 64 – 65).

5. "Nena llevaba los versos del poeta colgados de la mano como un ramo de flores transparentes. No sé donde ponerlos, dijo. No quiero que se pierdan. Guárdalos en el álbum de firmas, dijo Baltús. No sé, dijo Nena, se perdería el poema. El poema hay que mirarlo. Es un retrato del alma, dijo, los poemas deberían ser colgados como si fueran cuadros" (119).

OBRAS CITADAS

Amat, Nuria. *El país del alma*. Barcelona: Seix Barral, 1999.
Amat, Nuria, *Letra herida*. Madrid: Alfaguara, 1998.
Amat, Nuria, *Viajar es muy difícil: Manual de ruta para lectores*. Madrid: Anaya & Muchnik, 1995.
Ayala-Dip, Ernesto. "Crónica de un amor burgués." *El País, Babelia*, 26 junio 1999: 8.
Brown, E. K. *Rythm in the Novel*. Lincoln, Neb.: University of Nebraska Press, 1978.
Fisher, Ana Rodríguez. "En un pequeño país." *ABC Cultural*, 12 junio 1999: 27.
Freedman, Ralph. *The Lyrical Novel*. Princeton, N.J.: Princeton University Press, 1966.

Masoliver Rodenas, Juan Antonio. "Cuerpos y almas. *El país del alma* de Nuria Amat." *La Vanguardia: Libros*, 25 junio 1999: 7.
Moret, Zulema. "*Bildungsroman* literario y transgenérico de la voz de Nuria Amat." *Quimera* 182 (1999): 55–64.
Nuño, Ana."Desnudar la voz. Entrevista a Nuria Amat." *Quimera* 182 (1999): 8–12.
Ribas, José. "Entrevista con Nuria Amat." *Ajoblanco* 120 (julio-agosto 1999): 20–24.
Vidal, Pau. "Nuria Amat novela la humillación de la burguesía catalanista de la Guerra." *El País*, 11 junio 1999:56.

12. The Discourse of Silence in *Alcanfor* and "Te deix, amor, la mar com a penyora"

Kathleen M. Glenn

Webster's New World Dictionary defines *silence* as "a refraining from speech or from making noise; absence of any sound or noise; a withholding of knowledge or omission of mention; failure to communicate, write, keep in touch." One can keep silent or impose silence upon others; one can also break silence in various ways and with diverse objectives. Contemporary Spanish literature abounds in narratives where silence has an important function. In the fiction of Cristina Fernández Cubas it has epistemological implications. Mercè Rodoreda and Maria Barbal employ a rhetoric of silence to call attention to the situation of women who are obliged to remain silent and suffer without protest. Olga Guirao resorts to narrative silence for technical reasons and uses allusions and omissions to, in her words, "hacer hablar al silencio" ("Entrevista," 315). Carme Riera and Dulce Chacón utilize silences, and acts of breaking silence, to emphasize the lack of voice of marginal beings and to highlight sexual, socioeconomic, and political inequalities. The fiction of other women writers—and of authors such as Javier Marías, Ignacio Martínez de Pisón, or Marcos Giralt Torrente—illustrates other possibilities. In this essay, after some general observations about silence, I focus on its role in a novel by Barbal and a story by Carme Riera.

Silence assumes many forms: blank spaces, suspension points, lacunae, understatements. The discourse of silence comprehends what is not said or not known; what is merely implied or intuited; what is indirect, imprecise, incomplete, or elliptical. Granted, a principle of selection governs texts and all contain gaps or blanks, but in some texts the number of these is greater and they are more significant. Years ago Hemingway spoke of the similarity between a well-written literary text and an iceberg: "If a writer of prose knows enough about what he is writing about he may omit things that he knows and the reader, if the writer is writing truly enough, will have a feeling of those things as strongly as though the writer had stated them. The dignity of movement of an ice-berg is due to only one-eighth of it being above water" (192). Although for Hemingway writers are presumably men, his iceberg analogy is suggestive. I should like to resort to two additional analogies to illustrate the impact that silence can have, an impact that is not limited to literary works. Think, for example, of the music of John Cage and the painting of Robert Rauschenberg. Larry Solomon gave the title "The Sounds of Silence" to one of his essays on the composer, and Cage's most famous composition is his 4'33". When it was first performed, or perhaps we should say "not performed," it provoked an uproar and the audience thought that Cage had gone entirely too far. The previous year, 1951, he had visited an anechoic chamber in order to hear silence but, to his surprise, he perceived two sounds, one caused by the circulation of his blood and the other by his nervous system. As a result he decided that silence defined as a total absence of sound does not exist (Solomon). Cage composed 4'33" while at Black Mountain College, an educational center whose professors and students exerted considerable influence on American culture. One of Cage's colleagues at Black Mountain was Rauschenberg, whose *White Paintings* are conceptually similar to the composer's music and in fact inspired the "silent piece." The painter used the words "silence," "restriction," and "absence" to describe his monochromatic works and said that they were an experiment "to see how much you could pull away from an image and still have an image" (Rauschenberg, 45). So, without a rich gamut of colors, musical notes, or words it is possible to communicate. Absence and silence can "speak" in painting, music, and literature. What interests me here are the silences found in literary texts, what King-Kok Cheung calls "articulate silences," and their expressive possibilities.

Silence on the levels of story and of discourse is fundamental in Barbal's novel *Càmfora* (1992), which received the Crítica Serra d'Or, Nacional de la Crítica, and Nacional de Literatura Catalana prizes. Barbal employs what Janis Stout has termed "strategies of reticence." Stout affirms that "just as reticence is a behavioral pattern shared by many women, so verbal reticence is a stylistic trait of many women writers," and she characterizes the style of the writers she studies—Jane Austen, Willa Cather, Katherine Anne Porter, and Joan Didion—as "one of understatement more than inflation, of tautness more than abundance" (20, 23). The use of silences, omissions, euphemisms, and other forms of reticence stimulates the active participation of readers, who have to imagine and supply what the author has withheld.

Barbal has often developed the theme of the migration from country to city (she left her native Tremp at the age of fourteen in order to study in

Barcelona), and she has commented that journeys are interesting literary material because of what they imply about transformation and reflection upon the past ("Entrevista"). *Càmfora* or *Alcanfor* (the Castilian translation of 1998) is the last part of a trilogy that explores migration in conjunction with the themes of solitude, the complexity of human relations, and the lack of communication.[1] The novel has been accurately described as "una xarxa de silencis y ocultacions" ("Corpus literari"). What immediately catches the eye is the amount of blank space—white space—in *Càmfora*, an amount that is even greater in *Alcanfor* (and it is for this reason that I use the translation). The margins are so ample in the 1998 book that the printed letters cover less than half the page and resemble an island, or an iceberg, afloat on a sea of whiteness. Blank pages separate the four parts of the novel and blanks within the chapters separate one section from the next.

These typographical silences are complemented by structural ones. Transitions or connections between chapters are largely missing, and temporal or spatial gaps increase the sense of disjunction. Events are presented not in their entirety but in part, and it is only by studying effects that we are able to deduce their antecedent causes. In the first chapter the narrator alludes to "un viejo rencor" (12) and to a verbal barb that Leandre Raurill directs at his son-in-law, but Leandre's words are not recounted. Nor are we told that later, during dinner, Leandre announces to his son Maurici and daughter-in-law Palmira that they are going to leave the village. All that is said is that "Después de la comida, cuando Leandre sale de casa, aún con la mesa puesta, el matrimonio joven habla. Todavía les domina la sorpresa" (12). This surprise and the fact that the second chapter begins with the three already settled in Barcelona allow us to fill in the textual hiatus. This is not an isolated case; there are many other moments when characters' words and the narration of important moments of their lives are omitted. Some of the most significant examples have to do with Palmira. When she is about to give birth, she suggests to her father-in-law that he call Maurici. Eight pages later someone informs Maurici that there is a phone call for him and several pages further on the narrator mentions in passing that Palmira is exhausted, "atendiendo a las mamadas de la criatura, a la casa, a la comida y a la tienda" (104). The text contains not a word about the actual birth or the emotions of the young mother. One chapter is titled "La conversación," but instead of presenting a conversation the narrator provides a summary that incorporates only four bits of dialogue, and these are at cross-purposes:

> Palmira aún no había dicho nada y Maurici, seguramente para romper su silencio, le preguntó lo primero que se le ocurrió al mirarla: "¿Pero

qué tienes en el cuello?". Ella no sabía a qué se refería y se palpó donde él decía, mientras pensaba cómo salir del paso.

"¿Y qué vamos a hacer?" Llevaba la conversación de nuevo al principio, pero él calló.... Por fin, él le había dirigido una mirada interrogante. Y Palmira había vuelto a hablar. "A lo mejor tendríamos que ir al médico." Maurici, señalándole el cuello, había respondido: "¿A que te mire eso?" (105)

There is no communication here. Palmira suggests a visit to the doctor so that he can examine Maurici, who thinks that the reason for the visit is so that the doctor can check Palmira's neck—and we never learn what is wrong with her neck.

Barbal habitually combines different types of text in her works. In *Alcanfor* we have a third-person account that incorporates letters and an item from a newspaper. The heterodiegetic, tight-lipped narrator, who withholds information instead of lavishing it, in general abstains from commenting or judging, from exploring the inner world of the characters and analyzing thoughts or emotions. As a result of this linguistic economy and reserve, a large part of the novel is submerged and we must sharpen our eyes and ears to listen to the sounds of silence and glimpse what lies between the lines or is concealed in the blank spaces of the text. Characters speak but rarely. Almost everything is related indirectly, filtered through the voice of the narrator.

Current feminist literary criticism and social theory and practice is conscious of the importance of "agency" and "empowerment," of giving voice to women and allowing them to tell their own story. By coincidence, while I was working with Barbal's text I was reading Zora Neale Hurston's *Their Eyes Were Watching God*. In her preface to the novel, Mary Helen Washington recounts that at an MLA session on African-American literature Hurston was criticized for having used at a decisive moment of the novel (the trial scene) an omniscient, third-person narrator and thus depriving Janie of the opportunity to speak (xi). Alice Walker, in defense of Hurston and of Janie, argued that "women's silence can be intentional and useful" (xiii),[2] as is the silence that Barbal imposes in *Alcanfor*. In the world that Palmira inhabits, women are obliged to obey and to hold their tongues. The novel reflects this situation but instead of protesting and denouncing it loudly and passionately, Barbal chooses another option, that of employing strategies of reticence and leaving it to readers to formulate the protest and denunciation. As Stout observes with respect to Austen's novels, "the intelligent reader's active response can be more forcefully evoked by understatement and ellipsis than by full 'telling'" (191).

Conxa, of Barbal's *Pedra de tartera,* and Natàlia, of Mercè Rodoreda's *La plaça del Diamant,* speak in the first person and are the protagonists of their respective novels. Palmira, in contrast, shares center stage with two other characters: Maurici and Leandre. The latter, the patriarch, dominates his family, a fact underscored by the chapter title "Ordeno y mando." He makes decisions that affect others' lives but without consulting them. Contemptuous of his weak son, he tolerates Palmira because she works hard and speaks little, as he believes a woman should. The two men end up returning to the village, and in Maurici's case, the return is a figurative regression to the womb. He sleeps in the room that was his as a child, wraps his mother's shawl around his shoulders, and adopts a fetal position. Palmira, however, grows in the city, which offers her the opportunity to undertake a second, metaphorical journey toward maturity and independence. At the novel's end she sits down to answer the letters written to her by a man who loves her. Again we are not given direct access to her words, written in this instance, but the book's final sentence suggests that if she is not happy, at least she enjoys a measure of contentment: "Y, antes de poner adiós, le escribió a Josep unas palabras sobre aquel otoño tan dulce de Barcelona" (289). We cannot help but remember the closing word of *La plaça del Diamant:* "Contents" (Rodoreda, *Obres* 1:526).

It is well known that Rodoreda, in her life as in her work, was given to silences and secrets, and she chose as the epigraph for the first part of *Mirall trencat* the following words by Sterne: "I honour you, Eliza, for keeping secret some things" (Rodoreda, *Obres* 3: 33). Another Catalan writer skilled in the art of silences and secrets is Carme Riera. Her skill is particularly evident in the story "Te deix, amor, la mar com a penyora," awarded the Premio Recull in 1974.

Students of the short story emphasize its brevity, economy and absence of unnecessary explanations. Mary Louise Pratt writes that the novel narrates a life and the short story a fragment of a life (99). Chekhov asserts that "in short stories it is better to say not enough than to say too much" (198), and Allan Pasco declares that "not only does every word carry a full weight of meaning, short stories also make frequent use of ellipsis" (125). Silence plays an especially important role in short narratives written as letters. It is logical to use a technique based on omission in an epistle addressed to an intimate friend, since both parties have shared certain experiences that a simple allusion can evoke.[3] Silence also is important when authors wish to surprise, as in "Te deix." According to Riera, surprise is one of the most important elements in literature, and she insists that while she does not try to deceive her readers, it is perfectly licit to not show them all her cards (personal interview). In "Te deix" she keeps an ace up her sleeve until the very end of the narrative. It consists of a letter written by a young married woman in which she takes leave of her first love, her math teacher. In the last paragraph we learn that the addressee is not a man but another woman, Maria—a name that Riera has withheld. Riera here counts on her readers' expectations and prejudices: a "normal" love story—and particularly so in 1974 in Spain—involves a girl and a boy; math teachers are men; and nice young ladies don't write about lesbianism, a forbidden subject.[4]

In her 1990 essay "What Is Not Said: A Study in Textual Inversion," Diana Collecott recalls that Adrienne Rich had written fifteen years earlier that "Women's love for women has been represented almost entirely through silence and lies" (237). The situation, Collecott argues, has not changed and "the male body dominates current discussion in gay studies, while the female body is doubly deleted: is deleted as a maternal body, and as both subject and object of lesbian desire" (238).[5] Riera does speak of the female body (Maria's) as subject and object of desire, but she leads us to believe, or permits us to believe, that it is a masculine body—we might speak here of a figurative transvestism. She resorts to linguistic silence, taking advantage of the possibilities for equivocation that Catalan offers. In a conversation with Geraldine Nichols, Riera pointed out the ambiguity of the pronoun "nosaltres" which "puede referirse a dos hombres, dos mujeres, o un hombre y una mujer, mientras que en castellano 'nosotras' es muy claro que son dos mujeres. . . . [A]l escribir 'Te deix' me di cuenta que podía jugar con la ambigüedad del 'nosaltres'" (Nichols, 209–10). Similarly, adjectives that have a masculine and a feminine form describe not Maria but her body, her hands or her face: "el teu rostre em semblà més cansat, més trist, més vell" (29). Ambiguity is thus sustained. The first reading of a literary text is unique, unrepeatable. On rereading we perceive nuances that previously had escaped us, we appreciate more fully the richness of the language and the characterization. In the case of "Te deix" we notice details overlooked in the earlier reading. Once we know that the beloved is a woman, the blindfold imposed by prejudice falls from our eyes and we see the clues that Riera has given us, such as the descriptions of the body of the beloved as "de seda, tèbia, dolça" and of hands with "dits llargs, pell blanca, ungles polides" (20, 21).[6]

In addition to linguistic silences, there are silences that result from the invisibility of certain texts. On several occasions the narrator speaks of letters, those she wrote and carefully hid during the summer she spent away from Palma, those she and Maria wrote to one another while she studied in Barcelona, the lengthy epistle she spent an entire night writing, only to tear it into pieces at daybreak. As readers, we do not see any of these epistles. As for the letter we do see, the letter that constitutes "Te deix," we do not know if it will reach its destination and be read by Maria. The narrator has asked her husband to send it, but he may not do so. These invisible letters, mailed, hidden away or torn up, form a "shadow text," a phrase that Stout applies to the subterranean text of Austen's works (50). We do not have access to Maria's letters—unless we interpret "Jo pos per testimoni les gavines" as being her work. She, her letters, and her name have been silenced and thus we do not hear "the other side of the story" (a phrase I borrow from Molly Hite). Brad Epps in his study of "Te deix" interprets the letters' invisibility, their virtuality, as a metaphor of lesbian love. He affirms that "Lesbianism, in Hispanic letters, does indeed seem all but lost: ghostwritten, as it were, in invisible ink" (317). I agree—and I propose a complementary interpretation that foregrounds problems of reading.

As professor, scholar, and author Riera devotes herself to reading and writing, and these two activities constitute the core of her book *Contra l'amor en companyia i altres relats* (1991). She has repeatedly shown how difficult it is to read and how easy it is to err. A few examples will suffice. In the story "Estimat Thomas," Riera again keeps an ace up her sleeve until the end of the game, and she plays with readers' expectations so as to make them think that the letters the young Montse writes are addressed to a lover. In "Princesa meva, lletra d'àngel" it is the internal reader who goes astray and thinks that the letters he receives are personal missives. The idea that they form part of a publicity campaign and are computer-generated is inconceivable to him. A peasant, of little education, he lacks competence as a reader, but so too does the pedantic and pompous critic of "Uns textos inèdits i eròtics de Victoria Rossetta." In the case of "Te deix" the entire story is based on a misunderstanding, "un engaño a los ojos"—let us remember that Riera's knowledge of Baroque literature is extensive—and it offers multiple instances of mistaken reading. Two passages in particular demonstrate graphically that words can be understood or interpreted in more than one way and that texts are slippery.

Near the end of the story the narrator recalls that at a professional meeting of mathematicians her beloved made the acquaintance of a learned and wealthy candidate for the Nobel prize who propositioned the beloved:

> Un bon dia es presentà a ciutat amb la intenció d'endur-se-te'n amb ell, volia que l'ajudessis a investigar a la seva càtedra dels Estats Units. T'oferia tots els doblers que li demanessis a més de la seva desinteressada protecció. A ciutat no es parlava d'altra cosa, car el savi confessà els seus propósits als periodistes. La gent comentava que feies un desbarat deixant perdre una ocasió tan bona. (35)

On encountering this passage, situated before the final paragraph which discloses the name of the beloved, most readers probably still believe that the beloved is masculine and the "proposicions deshonestes" (35) have been made by one man to another. The residents of Palma, on the other hand, know that the two individuals involved are a man and an unmarried woman who is being offered "una ocasió tan bona." An earlier passage concerns the moment when the narrator's father learns of her relationship with one of her teachers and storms that "Aquest és el camí de la depravació" (23). Here there is another "equívoco": the father knows that the teacher is a woman while readers think he is a man. (The two passages also illustrate how problematic are concepts such as "deshonestedat" and "depravació.") "Te deix, amor, la mar com a penyora" dramatizes how difficult it is to read, understand and interpret a text, however competent or incompetent its readers may be. Silences are basic to this dramatization and the misunderstandings that sustain it.

NOTES

1. The other two novels are *Pedra de tartera* (1985) and *Mel i metzines* (1990).
2. This is something Palmira understands: "la mejor manera de escabullirse era callar" (77).
3. See Guirao's comments on her epistolary novel *Mi querido Sebastián* (314).
4. I thank Emilie Bergmann for bringing to my attention Roshanak Khesti's remarks about "cultural acoustics" during an October 27, 2005, colloquium at the University of California, Berkeley. Khesti's argument that the intelligibility of sound is culturally produced is relevant to Riera's story, which relies for much of its impact on the invisibility or inaudibility of what diverges from cultural expectations.
5. The maternal body is the center of attention in *Temps d'una espera*, the diary that Riera wrote during her 1987 pregnancy.
6. When Riera prepared a Castilian version of the story she changed "ungles polides" to "uñas cuidadosamente arregladas" ("Te entrego," 11). Perhaps the Catalan adjective struck her as too revealing.

WORKS CITED

Barbal, Maria. *Alcanfor*. Trans. José Ferreras. Barcelona: Lumen, 1998.
———. Entrevista per Lourdes Domínguez. *Avui*, 23 April 2003. http://www.xtec.es/~jducros/Maria%20Barbal.html.
———. *Pedra de tartera*. Barcelona: Laia, 1985.
Chekhov, Anton. "The Short Story." In May, 195–98.
Cheung, King-Kok. *Articulate Silences*. Ithaca: Cornell University Press, 1993.
Collecott, Diana. "What Is Not Said: A Study in Textual Inversion." *Textual Practice* 4 (1990): 236–58.
"Corpus literari. Barbal, Maria." http://www.xtec.es/~jducros/Maria%20Barbal.html.

Epps, Brad. "Virtual Sexuality: Lesbianism, Loss, and Deliverance in Carme Riera's 'Te deix, amor, la mar com a penyora.'" ¿Entiendes? Queer Readings, Hispanic Writings. Ed. Emilie L. Bergmann and Paul Julian Smith. Durham, N.C.: Duke University Press, 1995. 317–45.

Guirao, Olga. "Entrevista con Olga Guirao," conducted by Kathleen M. Glenn. Anales de la Literatura Española Contemporánea 29.1 (2004): 307–20.

Hemingway, Ernest. Death in the Afternoon. New York: Scribner's, 1932.

Hite, Molly. The Other Side of the Story. Ithaca: Cornell University Press, 1989.

May, Charles E., ed. The New Short Story Theories. Athens: Ohio University Press, 1994.

Nichols, Geraldine C. Escribir, espacio propio: Laforet, Matute, Moix, Tusquets, Riera y Roig por sí mismas. Minneapolis: Institute for the Study of Ideologies and Literature, 1989.

Pasco, Allan H. "On Defining Short Stories." In May, 114–30.

Pratt, Mary Louise. "The Short Story: The Long and the Short of It." In May, 91–113.

Rauschenberg, Robert. An Interview with Robert Rauschenberg by Barbara Rose. New York: Vintage Books, 1987.

Riera, Carme. "Estimat Thomas." In Epitelis tendríssims. Barcelona: Edicions 62, 1987. 79–95.

———. "Jo pos per testimoni les gavines." In Jo pos per testimoni les gavines. Barcelona: Laia, 1977. 9–19.

———. Personal interview. 27 June 1996.

———. "Princesa meva, lletra d'àngel." In Contra l'amor en companyia i altres relats. Barcelona: Destino, 1991. 23–36.

———. "Te deix, amor, la mar com a penyora." In Te deix, amor, la mar com a penyora. Barcelona: Laia, 1975. 19–36.

———. "Te entrego, amor, la mar, como una ofrenda." In Palabra de mujer. Barcelona: Laia, 1980. 9–32.

———. "Uns textos inèdits i eròtics de Victoria Rossetta." In Epitelis tendríssims. Barcelona: Edicions 62, 1987. 49–61.

Rodoreda, Mercè. Mirall trencat. Obres completes, vol. 3. Barcelona: Edicions 62, 1984.

———. La plaça del Diamant. Obres completes, vol. l. Barcelona: Edicions 62, 1976.

Solomon, Larry J. "The Sounds of Silence." http://www.azstarnet.com/~solo/4min33se.htm.

Stout, Janis P. Strategies of Reticence. Charlottesville: University Press of Virginia, 1990.

Washington, Mary Helen. Foreword to Zora Neale Hurston, Their Eyes Were Watching God. New York: Harper, 1990. vii–xiv.

Contributors

NICOLE ALTAMIRANO (Visiting Instructor, Claremont McKenna College), specializes in twentieth-century Spanish literature. Her dissertation, "Taking Back the Thread: Revisionist Mythmaking in the Poetry of Spanish Women Writers from the 1920s–1940s," explores the subversion of traditional gender codes among the lost women poets from this dynamic literary period. She reviewed Catherine Bellver's *Absence and Presence: Spanish Women Poets of the Twenties and Thirties* in *Letras Femeninas*, and her review of Joy Landeira's *Ernestina de Champourcin. Vida y literatura* is forthcoming in *Anales de Literatura Española Contemporánea*.

MARTA E. ALTISENT (Professor, University of California, Davis), specializes in modern and contemporary Spanish literature. She has published numerous articles on Spanish, Latin American, and Catalan writers of the nineteenth and twentieth centuries, two books on the short stories and literary essays of Gabriel Miró, and *La narrativa erótica española desde 1970* (2006). She has edited a critical study, *Los cuentos mexicanos de Max Aub* (2005) and co-edited the *The Spanish 20th-Century Novel. Dictionary of Literary Biography, Vol. 322* (2005). Her current projects are the *Companion to the Spanish Novel of the 20th-century* and a monograph, *Images of the Land in Turn-of-the-Millennium Spanish Narratives*.

EMILIE L. BERGMANN (Professor of Spanish, University of California, Berkeley), has research interests in both early modern and contemporary Spanish women writers. She has published on representations of the maternal in essay collections on gender in sixteenth- and seventeenth-century European and colonial Spanish American culture, and has published on the work of Mercè Rodoreda, Carmen Martín Gaite, and Montserrat Roig. She is a co-author of *Women, Culture, and Politics in Latin America* (California, 1990) and co-editor, with Paul Julian Smith, of *¿Entiendes? Queer Readings, Hispanic Writings* (Duke, 1995) and, with Stacey Schlau, the forthcoming MLA *Guide to Teaching Sor Juana Inés de la Cruz*.

ALDA BLANCO (Professor of Spanish, University of Wisconsin-Madison) has edited María Martínez Sierra's two autobiographies, *Una mujer por caminos de España* and *Gregorio y yo*, and has published an anthology of this author's feminist essays, *A las mujeres: Ensayos feministas de María Martínez Sierra*. She is the author of *Escritoras virtuosas: Narradoras de la domesticidad en la España isabelina* (2001) and is currently working on a book-length project entitled *Writing the Spanish Empire*.

174 / Contributors

SARA BRENNEIS (doctoral candidate, University of California, Berkeley) specializes in postwar and post-Franco narrative. Her dissertation, "Genre Fusion: The Convergence of Fiction and History in Post-Franco Literature from the Margins," focuses on authors at the margins of post-Franco Spanish society, including women, exiles and Catalonians. Her article "*Alambradas, Arena* and Art: Postwar Spanish Imprisonment in France," a review of Francie Cate-Arries' *Spanish Culture behind Barbed Wire: Memory and Representation of the French Concentration Camps, 1939–1945*, appears in the Spring 2005 edition of the journal *Lucero*.

KATHLEEN M. GLENN (Professor of Spanish, emerita, Wake Forest University), has published numerous studies on twentieth-century Spanish novelists. She has co-edited the following volumes: *Spanish Women Writers and the Essay: Gender, Politics, and the Self* (1998); *Moveable Margins: The Narrative Art of Carme Riera* (1999); *Aproximaciones críticas al mundo narrativo de José María Merino* (2000); *Women's Narrative and Film in Twentieth-Century Spain* (2002); *Carmen Martín Gaite: Cuento de nunca acabar/Never-Ending Story* (2003); *La pluralidad narrativa: Escritores españoles contemporáneos (1984–2004)* (2005); and *Mapping the Fiction of Cristina Fernández Cubas* (2005).

P. LOUISE JOHNSON (Senior Lecturer in Catalan and Spanish, University of Sheffield, UK) specializes in modern Catalan narrative (Villalonga, Pedrolo, Capmany). Her study *La tafanera posteritat. Assaigs sobre Llorenç Villalonga* (2002; Premi Llorenç Villalonga, 2001). She has published on literary intellectuals and physical culture in pre–Civil War Spain, with special attention to Catalonia, in *Bulletin of Spanish Studies, Romance Quarterly*, and *Romance Studies*. Her current projects include the fiction of Maria Aurèlia Capmany, an overview of Catalan sporting culture, and the aesthetics and methodology of Hispanic discourses on physical culture.

JO LABANYI (Professor of Spanish, New York University), known for her innovative work in Spanish cultural studies, is the author of *Myth and History in the Contemporary Spanish Novel* (1989) and *Gender and Modernization in the Spanish Realist Novel* (2000) and editor of *Constructing Identity in Contemporary Spain: Theoretical Debates and Cultural Practice* (Oxford, 2002) and *Spanish Cultural Studies: The Struggle for Modernity* (Oxford, 1995).

GERALDINE CLEARY NICHOLS (Professor of Spanish, University of Florida) specializes in contemporary Spanish and Catalan literature. She is author of *Escribir, espacio propio: Laforet, Matute, Moix, Tusquets, Riera y Roig por sí mismas* (1989) and *Des/cifrar la diferencia: narrativa femenina de la España contemporánea* (1992). She has published on women's writing and its reception in Spain in *MLN, Anales de Literatura Española Contemporánea, Siglo XX/20th Century*, and *Revista de Estudios Hispánicos*. Her current project involves the representation of reproduction in twentieth-century Spain.

PILAR NIEVA DE LA PAZ (Senior Researcher, Centro de Humanidades, Consejo Superior de Investigaciones Científicas) has published *Autoras dramáticas españolas entre 1918 y 1936* (CSIC, 1993) and *Narradoras españolas en la Transición política* (Fundamentos, 2004), as well as scholarly articles on Spanish fiction, theater, and film in the pre–Civil War period and the *transición* published in *ALEC, Revista de Literatura, Hispanófila, Siglo XX/20th Century, Revista de Literatura*, and *Estreno: Cuadernos de Teatro Español Contemporáneo*. She directs the CSIC research group on "Estudios Literarios Contemporáneos de Género."

SOLEDAD PUÉRTOLAS is one of Spain's best-known writers of fiction and essays. Her first novel, *El bandido doblemente armado*, won the Premio Sésamo in 1979. Since then, she has published nine more, including *Burdeos, Todos mienten, Queda la noche* (Premio Planeta, 1989), *La rosa de plata*, and *Historia de un abrigo* (2005). In addition, she has published novellas; travel writing; collections of short stories including *Una enfermedad moral;* essays, and memoirs including *Con mi madre* (Premio Anagrama, 2001). Her work has been translated into English, French, Greek, Portuguese, Dutch, German, Turkish, Japanese, and Chinese.

CLARA SÁNCHEZ is a significant younger novelist who has published seven novels including *Piedras preciosas* (1989), *No es distinta la noche* (1990), *El palacio varado* (1993), *Desde el mirador* (1996), *El misterio de todos los días* (1999), and *Un millón de luces* (2004). Her novel *Últimas noticias del paraíso* (2000) was the first by a woman to win the prestigious Premio Alfaguara. She has taught at the University of Madrid and contributes frequently to the Spanish press and television.

www.ingramcontent.com/pod-product-compliance
Lightning Source LLC
Chambersburg PA
CBHW020739230426
43665CB00009B/488